Meeresrauschen mit Gefühl • Andrea Bernhardt

AF513643

Andrea Bernhardt

Meeresrauschen mit Gefühl

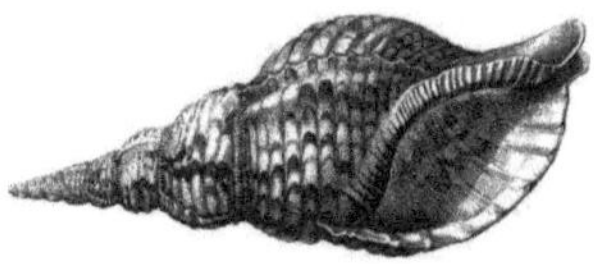

Edition AVRA

Bibliografische Information der Deutschen Nationalbibliothek
Die Deutsche Nationalbibliothek verzeichnet diese Publikation in der Deutschen Nationalbibliografie; detaillierte bibliografische Daten sind im Internet über http://dnb.d-nb.de abrufbar.
© Edition AVRA
Eine Marke der Frieling & Huffmann GmbH & Co. KG
Rheinstraße 46, 12161 Berlin
Telefon: 0 30 / 76 69 99-0
www.frieling.de

1. Auflage 2024
ISBN 978-3-8280-3805-9
Bildquelle: pixabay
Sämtliche Rechte vorbehalten
Printed in Germany

Hallo Ladys!

Ich zeige euch, wie man auf dem Flur des Lebens wieder laufen und tanzen kann, als wäre es der rote Teppich, und zwar egal in welchem Alter und trotz oder gerade wegen der »hot flashes« in den Wechseljahren, die uns in den unmöglichsten Situationen streifen.

Die Fantasie hat mich schon immer beflügelt. Ich möchte euch ein Stückchen davon abgeben.

Oberster Grundsatz: Männer tun nur wichtige Dinge! Aber: Die Charaktere sind wie ein bunter Blumenstrauß.

Der Mann als solcher ist simpel gestrickt. Das muss man nur wissen. Er braucht keinen Schnickschnack, nur guten Sex, Bierchen und seine »geglaubte« Freiheit. Doch wie man das Blatt auch wendet, er hat meistens recht. Wie immer gibt es Ausnahmen.

Sucht euch eine Lieblingsstelle an ihm aus, sagt ihm tausendmal, wie sexy er ist, und küsst ihn jeden Morgen auf den Bauchnabel oder die vollen Lippen. Dann pustet ihn nach dem Duschen trocken und haltet Blickkontakt.

Ihr seid genervt vom Gekicher der jüngeren Generation? Aber nein. Denkt nach. Früher erschienen uns Frauen um die vierzig doch bereits alt, oder? Auch wenn die Gelenke nicht mehr ganz so gazellenhaft aussehen wie früher, die kurzen Siebenachtelhosen nicht mehr ganz so schick wirken wegen der geschwollenen Knöchel wie mit hohen Absätzen. Aber wir machen doch keine Abstriche in unserer Kosmetik. Allerlei Cremchen und Töpfchen sorgen für ein kurzfristiges Wohlgefühl und Strahlen im Gesicht. Die positive Aura machts. Falls der Gatte noch vorhanden, schmälern wir seine Geldbörse für unsere Beautytermine. Das kostet! Dann noch ein Blumenstrauß, weil Gatte ja sowieso die falschen Blumen kauft.

Schließlich noch ein Glas Sekt mit der Freundin beim kleinen Stadtbummel. Der Tag ist gerettet.

Auch das Ordnungsprinzip der Jugend ist heute ein anderes als vor Jahren. Im Zeitalter der Elektronik ist man schließlich nicht gerne offline. Der Daumen zirkelt hin und her, Aufräumen ist später. Müll- und Klamottenberge türmen sich. Macht alles Muttern. Es soll auch Ausnahmen geben.

Wir kennen hundert Gründe, worüber man sich aufregen kann, aber man kann niemanden zwingen, sich so zu verhalten, wie man es gern hätte. Die einsame Omi, die niemand besucht. Die zu viel grübelt, weil die Kinder nur kommen, wenn sie Geld brauchen.

INHALT

KAPITEL 1

MÄNNER

Der exotische Rentner

Er zeichnet sich dadurch aus, dass er die absolute Ruhe für sich gepachtet hat. Er lebt zeitlos, spielend in den Tag hinein, wechselt nur einmal in der Woche die Socken, duscht selten. Diese endlosen Diskussionen über die Fehler in der Politik. Ja, von der Couch aus wirkt alles leicht. Rentner machen alles besser, oder? Das nervt. Im Supermarkt fragt er nach frischer Wasabiwurzel, obwohl er nicht kocht. Kochen erledigt abends die noch werktätige Ehefrau, damit er sein Essen nur aufwärmen braucht. Nachts krümelt er den Besteckkasten voll, da er mit offener Schublade noch vor dem Kühlschrank isst. Zu allem Übel ist dann das Aufladekabel nicht verfügbar. Dieser Streitpunkt ist der absolute Lacher. Höchste Zeit für einen kleinen Wink mit dem Zaunpfahl: »Liebling, wann hast du mir das letzte Mal eine Duftrose geschenkt? Ich würde mich auch mal über einen kleinen Imbiss nach der Arbeit freuen.« Auch überschätzt sich der Rentner in seiner Schaffensfreude. Im Aldi gibt es Laubsägen. Es wird munter drauflosgesägt am Kirschbaum. Und abends? Ja. Das altbewährte Wärmepflaster. Ein bisschen bedauert will er dann auch werden.

Der Pfau

Sie fühlen sich zu Hause an seiner Seite wohl, doch in der Öffentlichkeit kommt er Ihnen etwas seltsam vor? Er läuft hinter Ihnen in Abstand. Hört bei Gesprächen nur anderen zu? Da steht er wie ein aufgeblasener Gockelhahn im Supermarkt hinter Ihnen und lotet seinen Marktwert bei anderen Kundinnen am Kühlregal aus. Bewahren Sie Ruhe, haken Sie sich fröhlich in seinen Arm ein und verwickeln Sie ihn in ein Gespräch. Zu Hause ziehen Sie sich einen Leo-Look über und fragen ganz beiläufig, wer wohl die Schnapsdrossel in der karierten Bluse war. Er stammelt dann was von Weinberatung oder so. Zeigen Sie ihm, wie schön Sie sind.

Die Waage zeigt ständig das Gewicht an, das wir nicht wollen. Bei mir hängt ein Schild: »Du lügst!«

Auch die Männer können wir uns leider nicht backen. Anbei ein paar Diversitäten einiger »Otto Normaltypen«.

Streitpunkt Urlaub

Auch im Urlaub weiß der Typ Mann nichts mit sich anzufangen. Lassen Sie keine Langeweile aufkommen. Man setze ihn an einem lauschigen Schattenplätzchen mit Bierchen und Tablet ab, winke ab und zu vom Pool, strecke seine rot lackierten Fußnägel freudig in die Höhe und lese eine Liebesschnulze, die in der südlichen Sonne die feurige Liebeslust anregt.

Streitpunkt Couch

Ihr habt ein Exemplar auf der Couch sitzen, das stundenlang gegen den Rest der Welt am Computer spielt? Alles rundherum vergisst?

Dreht euch um, richtet die Augäpfel genervt gen Zimmerdecke. Schüttet euch einen Hugo ein oder geht aus dem Haus zum Baden oder Shoppen. Spätestens zum Essen wird er euch vermissen und liebe Worte säuseln. Beziehung ist Arbeit. Wenn nichts mehr geht, fällt doch der Frau von heute immer etwas ein. Oder?

Lasst euch eine Badewanne ein, holt euren rot-schwarzen Fummel, sprich Dessous, heraus und zieht sie ganz langsam an, dann kommt in ihm der Jagdtrieb zum Vorschein, diese ganz langsam wieder auszuziehen. Ach, was für einen Kerl ihr doch habt!

Der Technikus

Er ist stets auf dem Laufenden. Wenn Sie nach Hause kommen, werden Sie mit Chill-out-Musik beschallt, sodass das Putzen gleich doppelt so viel Spaß macht. Er zögert nicht, die Sat-Schüssel auf dem Dach aufzurichten, überhaupt lässt er ungern Handwerker ran. Wenn er mal wieder die neuste Technik in Sachen Handy kaufen will, gehen Sie mit shoppen und lassen Sie ihn wählen, ob Ihre neuen Schuhe oder sein Wille. Wenn er lächelt, hat er wenigstens Humor. Dieser Pluspunkt geht an ihn. Lassen Sie ihn im Urlaub gewähren, dort hat er sowieso nur die Wahl zwischen Minibar oder Fernseher.

Sie sind die Krankenschwester, die sich in einen Arzt verliebt hat? Bingo! Sie wissen, er steht auf die Farbe Weiß. Seine Fantasie ist nicht zu bremsen. Er wird schwach bei dieser Vorstellung. Doch ich kann es Ihnen nicht ersparen, Sie müssen stark sein. Und zwar in jeder Beziehung. Sie sind zu jeder Tag- und Nachtzeit die perfekte Telefonistin, Köchin und: er will zu den unmöglichsten Tages- und Nachtzeiten Sex. Seine Kinder kennt er meistens nur schlafend im Bett. Doch im Urlaub dürfen Sie sich freuen. Er bucht die teuerste Lokation für Sie, dass die anderen Frauen vor Neid erblassen. Gesprächig ist er nicht besonders, aber dafür sehr großzügig. Er liebt es, ganz langsam dem Lukullus zu frönen, teure Häppchen und ein gutes Gläschen am Meer. Das entschädigt für so manches Alleinsein.

Der Einfallslose

Dann hätten wir noch den einfallslosen Typen, der uns damals so gefiel. Als die Kinder aus dem Hause gegangen sind und er sich mit keinem Hobby so richtig identifizieren kann, wartet er täglich auf seine »zugeteilten Aufgaben«. Irgendwie vermissen wir seine Spontaneität. Wir wünschen uns eine duftende Baccararose, eine Konzertkarte und einen Traumurlaub. Doch halt, woher soll denn der arme Kerl unsere innere Sehnsucht erahnen? Woher soll er wissen, wonach uns im Moment der Sinn steht? Fazit: Wir sind zu anspruchsvoll. Versuchen wir es mit Mimik und Körpersprache, dass er wie von selbst daraufkommt. Nicht leicht, aber einen Versuch wert. Neigen Sie vorerst Ihren Nacken nach unten, er wird Sie ganz liebevoll kraulen und verwöhnen, denn er hat Ausdauer.

Der Dominante

Ich betrete schmunzelnd sein »Reich« und weiß, es wird ein harter Kampf als Frau, auf Verhandlungsbasis, die eigenen Interessen nicht ganz ins Hintertreffen geraten zu lassen. Nun heißt es beobachten und im richtigen Moment alle Trümpfe ausspielen.

Der Streitsüchtige

(gestrichen, den brauchen wir nicht, oder?)

Der Neugierige

Er muss immer etwas lesen, und sei es beim Essen das Etikett der Ketchupflasche. Es nervt, wenn er die Illustrierte fürs Wochenende bereits gelesen hat. Wieso kauft er sich nicht selbst eine Computerzeitung?

Der Geizige

Sie sind es leid, wenn der Gatte stets den Stand des Stromzählers im Blick hat? Kredenzen Sie eine Woche geeistes Gurkensüppchen und legen Sie ein paar Prospekte über Solaranlagen zur Solarstromgewinnung auf den Frühstückstisch. Die Prioritäten sind sehr schnell gesetzt.

Der Zufriedene

Es soll heutzutage noch Menschen geben, die mit Gott und aller Welt, aber vor allem mit sich selbst im Reinen sind. Sie brauchen nicht viel, nur ihre »Ritualien«, die da wären: morgens ein Kuss, mittags ein Stück Schokolade, freitags Kuchen mit der Ehefrau und zu Weihnachten ein Glas Cognac mit Eiswürfeln.

Versuchen Sie bloß nicht, diese Linie zu durchbrechen. Legen Sie ihm mittags das Stückchen Schoki bereit und alles ist in bester Ordnung. Wenn er dann noch gut aussieht, haben Sie alles, was Sie brauchen. Er ist ein Arbeitstier, und zwar ein zufriedenes.

Wer der richtige Partner ist, entscheidet oft unsere Nase. Wir müssen ihn gut riechen können. Das liegt auch oft an der Blutgruppe. Er sollte uns stets gegenüber seiner Mutter zu verteidigen wissen und zuhören können, natürlich mit viel Verständnis und Humor.

Und vergesst nie: Nur das Genie beherrscht das Chaos. In jeder Beziehung. Und wer oder was ist heute schon perfekt?

Kapitel 2

Wechselbad der Gefühle

Über die Wechseljahre

Ab einem gewissen Alter ist plötzlich alles anders, denn »die Hormone spielen verrückt«. Plötzlich wissen wir nicht mehr so genau, was wir wollen und warum. Wir sind ständig unzufrieden. Die gute Nachricht: Es gibt nur noch eine einzige Problemzone. Die schlechte Nachricht: Sie betrifft den ganzen Körper. Tröste dich und sage dir täglich: Du hast nur ein Leben, also genieße es. Doch wir setzen auf innere Werte und lassen uns nicht mehr von Äußerlichkeiten irritieren. Die Wellness- und Kosmetikbranche will schließlich auch leben! Jeder nach seinem Budget. Wir wollen doch strahlen, trotz »Dritter« und lichtem Stirnansatz. Das Zauberwort heißt »kaschieren«. Und darin sind wir richtig gut. Wir sind zuweilen etwas peinlich und unbedingt kreuzfahrtaffin. Die Konkurrenz schläft nicht. Auch sind wir es leid, uns à la Pinocchio ständig von anderen die Nase lang machen zu lassen wegen der paar Pfündchen zu viel. Wir beschränken uns, wenn nichts mehr passt, auf Accessoires und ein Buch passt in jede Handtasche. Das macht glücklich.

Wir packen es nun endlich selbst an. Zielsicher steuern wir es an das obskure Objekt der Shoppingbegierde, unser Lieblingslipgloss, das uns so zauberhalft steht. Wir sind etwas sprunghaft, leben Tagträume aus. Mit unseren Rollenspielen und unserer Körpersprache flüchten wir in unsere Fantasiewelt. Eine Maskerade. Auch jede Mode können wir nun nicht mehr mitmachen. Obgleich wir früher im Plisseerock vortrefflich aussahen, verzichten wir bäuchlings lieber auf das Modell Regentonne. Wir haben schließlich Geschmack. Ausnahmen bestätigen die Regel. In der Mode und Kosmetik sind wir stilsicher unterwegs. Schwieriger ist es allerdings, unseren Appetit auf so manch muskulösen, gut riechenden Typen zu stillen. Wir beschränken uns hier auf den Genuss mit den Augen, ohne uns lächerlich zu machen. Leichter gesagt als gedacht. Da steht »er« am Türrahmen. Unerreichbar wie Phönix aus der Asche. Dennoch streift uns sein Blick. Wir trösten uns wieder mit Floskeln wie »zu jung«, »falscher Moment«, äh ... »früher hätte ich den nach allen Regeln der Kunst verführt«. Contenance! Eine Frau möchte doch immer neununddreißig sein, oder? Jedoch mit allen gesammelten Erfahrungen und bitte schön ohne Falten. Wir steuern stattdessen mit der Freundin die nächste Konditorei an. Ich sage nur Himbeertörtchen an Sahneklecks. Lecker! Es geht doch nichts über eine gute Freundin und süffisante Männerthemen. Doch wo sind sie hin, die Kavaliere? Immer mehr beobachten wir, dass die Etikette verloren gegangen ist. Frauen tragen schwere Pakete und niemand hält mehr die Tür auf. Jeder drängelt auf den Straßen und hat keine Zeit mehr. Am liebsten würde man den Knigge verteilen. Unverschämtheit! Wir kriegen uns wieder ein. Schließlich bringt uns nichts mehr so schnell aus der Ruhe. Adagio – langsam, das Herz. Wir sind kultiviert und orientieren uns an Kultur, Food und einem guten Tröpfchen. Und nicht zu vergessen: Schauen ist immer erlaubt! Oder Träumen, Schreiben und was immer gefällt. Eine romantische Seite kommt bei jeder Frau zum Klingen.

Heute ist ein »day in paradise« und ich trete mal wieder einen meiner freien Tage an, die ich ziemlich zelebriere. Beginnend mit einem Morgenspaziergang um den See. Danach zieht es mich ins Dampfbad. Damit wäre die Frisur für den Rest des Tages ruiniert, egal; ich atme die Minzedüfte, schaue an den nebeligen Lichthimmel und schwitze wie ein Tier die ganzen negativen Schwingungen der Woche weg. Wenn das nur so einfach wäre! Danach schwimme ich im Kaltwasser mit Blick auf mediterranes Flair, Minzen, Amphoren, Mauern, an denen Rosmarin wächst, und Olivenstämme. Mein Blick fällt sofort auf die kommunikative Raucherecke. Dort sitzen die gemütlichsten und in der heutigen Zeit von allen geächteten Menschen. Ich genehmige mir erst mal einen Obst-Smoothie und lunze gelegentlich nach einem Nackedei. Törn! Aber so richtig törnt uns doch nur der »one and only« an, oder? Ich sage immer, Frauen in meinem Alter sind wollüstig, aber mit wem, das wissen sie noch genau. Tröpfchenbesprenkelt und lechzend-graziös räkle ich mich in der Dusche. Im Stehen wirken auch die Falten straffer. Ich träume von einem gemeinsamen Duscherlebnis in der Öffentlichkeit, sehe rundherum weit und breit nichts. Ich bin allein. Nur gut, dass niemand meinen Gesichtsausdruck bemerkt. Wäre sonst blamabel. Der Handtuchwerfer sucht sich ein freies Plätzchen auf der Dachterrasse. Ich sage nur, der Wind und die Locke. Danach folgt die Salzgrotte, angenehme Temperaturen bei mild salziger Inhalation für die Bronchien. Auf zum Buddha, ferne Klänge bei körperlicher Meditation und Duft von Räucherstäbchen und Körperbesprühung genießen. Das Wellnesskonzept setzt sich fort mit Sinnessalzen und Mineralien für Körper und Seele, angereichert in einem Sauerstoffbad; danach ruhe ich mich im Berberzelt auf einem Sandsack, der sich der Körperkontur anpasst, etwas aus. Dazu gibt es sehnsuchtsvolle persische Flötenklänge. Im Sprudelbad genieße ich dann noch die abendlichen Lichter, die durch die handgearbeiteten marokkanischen Lampen wunderbar zur Geltung kommen. Heute probiere ich ausgefallene Speisekombinationen wie dunkle Nudeln an Maronen-Basilikum-Schaum, an Seeteufel getrüffelt. Als Nachtisch Crème brulée an Haselnusskrokant. Danach geht es relaxt nach Hause.

In einer späten Mittagspause saß ich eines Tages nichts ahnend bei einem Salat, als mich ein netter Mann, ein Lachsbrötchen genießend, ansprach. Um uns herum duftete es nach Kaffee und Törtchen. Wir amüsierten uns vorerst beide über den gleichen Geschmack um die Tageszeit. Er recherchierte mit seinem Laptop an einem Bericht über Frauen um die fünfzig und saß somit quasi mitten im Geschehen. Es gibt dafür meiner Meinung nach sowieso keinen perfekteren Ort als ein Café. Also, er war so ein Mischtyp zwischen rassig, lustig, elegant und lässig. Und natürlich viel jünger. Bei näherer Betrachtung kein Frauenschwarm. Und so traute ich mich, etwas mit ihm zu plaudern. Etwas Kurzweil kann nie schaden. Ich staunte über mich selbst, welche Schublade ich gerade aufzog, und erzählte frei von der Leber weg, wozu Frauen in diesem Alter alles fähig sind. Ich hörte ihn gern sprechen, seine Stimme klang gebildet und melodisch-männlich. Ich hoffe, meine Tipps konnten ihm helfen, den Artikel zu komplettieren. Lächelnd verabschiedete ich mich brav, aber nicht ohne noch einen winzigen Look auf seine Wölbung im Schritt zu nehmen. Als Gegenleistung schmunzelte er beim Aufstehen über meine Speckröllchen, die ich, so gut es ging, unter der Bluse kaschierte. Ja, so ist es, das Klimakterium, versaut und genüsslich. »Man sieht sich«, sagte er. Ich freue mich, Mr. X. Vielleicht verrät er mir beim nächsten Mal seinen Namen, muss nicht gleich auf dem T Shirt stehen. Überhaupt ist man geneigt, Menschen, die man nicht kennt, seine Probleme eher zu erzählen als der besten Freundin, sozusagen anonym. Na, das war doch mal eine Mittagspause nach Maß.

Allein

»Wer ich bin, spielt keine Rolle, was ich fühle, ist unendliche Leere. Achte nicht auf mich«, hat ein Mann in der Nacht im Traum zu mir gesprochen. Grotesk!

Mein Name ist Laura, ich wohne wieder allein. Mein Arbeitsplatz wird ab dem neuen Monat in einer anderen Stadt sein. Ich kann nicht mehr schlafen. Alle Gefühle stürzen auf mich ein. Wenn die Worte anderer ihren Sinn verlieren, hört man nur noch auf sein Herz, doch das scheint zu erstarren. Viele Fragen stehen im Raum: »Wie halte ich es aus?«

Mutig starte ich meinen neuen, langen Arbeitsweg und warte Ewigkeiten an der Treppe, bis mich der neue Chef empfängt. Er zeigt mir ein Großraumbüro mit Lärmpegel. Alles Damen gemischten Alters. Meine Synapsen tanzen, doch mir bleibt keine Wahl, das Arbeitsgebiet ist zu verlockend, das wird mir helfen.

Der erste Tag ist geschafft, auf dem Nachhauseweg lasse ich alles Revue passieren, kaufe noch Sushi für abends und belege den neuen Zumbakurs. Glücklich fahre ich nach Hause, doch schlafen kann ich nicht. Es ist bereits drei Uhr nachts, der Wecker klingelt um sechs. Das muss für heute reichen. Leider läuft es in den nächsten Tagen nicht anders. Ich höre nachts wieder die Stimme: »Ich werde dir helfen, dich auf eine außergewöhnliche Weise zu beschäftigen.«

Was wohl damit gemeint ist? Die Wochenenden sind öde. Fürs Erste versuche ich es mit Musik, die ich laut aufdrehe, damit mich niemand heulen hört. Die Nachbarn sind mir egal. An dieser Stelle lasse ich es zu, endlich meine Trauer um Michael auszudrücken. Die leeren Tage der letzten Zeit haben ihre Spuren hinterlassen. Mein Trost ist die Erlösung der unheilbaren Krankheit.

Die Telefonate mit meiner Mutter helfen nicht. Ich funktioniere nur ohne jegliche Emotionen.

Eines Nachts wieder die Stimme: »Einen Liebesbrief werde ich dir schreiben, achte auf die Laute.«

Laute? Im Büro ist es unerträglich, Wasserkocher, Telefon, Gemurmel und dazu noch die Kirchturmglocke durch das offene Fenster. Ich bearbeite gerade einen Pflegeantrag, als ich ein weiteres Geräusch wahrnehme. Das hat mir gerade noch gefehlt. Autohupen von der nahen Kreuzung! Und nur diese höre ich noch in der nächsten Zeit. Alles andere ist ausgeblendet. Irgendwie gewöhne ich mich daran. Doch was höre ich? Ich kann es noch nicht deuten. Am Wochenende schlafe ich wie ein Murmeltier und treffe mich mit meiner Freundin auf einen Cappuccino. Das tut gut.

Heute sagt die Stimme: »Komme öfter in die Stadt. Ich kann dich sehen. Die Sonne trägt dein Gesicht.«

So tue ich es. Mein Heimweg ist nicht mehr geradeaus. Er hat einen Umweg. Oft schlendere ich noch durch die Kolonaden am Fluss entlang. Das Leben ist schön.

Im Büro eine Durchsage: eine Autonummer, der Fahrer muss umparken. Meine Kollegin steht auf, sie ist genervt. Ich verspüre leichte Genugtuung. Es geht nicht nur mir so. Meine Arbeit läuft gut. Ich konzentriere mich ganz nebenbei auf Zahlen der anderen Art, Autonummern, zähle jeden Tag die blöden Hupen. – Es kommt eine Handynummer heraus. Frohlockend abends auf der Couch werde ich mutig und tippe die Nummer. Bingo, es gibt sie. In WhatsApp erscheint das Gesicht eines Unbekannten. Ich bilde mir ein, es sei mein »Traummann«, ich meine den Mann, der im Traum mit mir spricht. Meine Gedanken sind endlich abgelenkt vom ursprünglichen Problem. Ich kann wieder einschlafen. Trotzdem reizt es mich, mal die eine oder andere WhatsApp abzusetzen. Was schreibe ich? Zunächst brühe ich mir einen frischen Minztee.

»Hallo, Unbekannter, wir könnten mal zusammen essen gehen, was sagst du dazu?« Zurück kommt die einzige Antwort auf diese Art: »Wer bist du? Ich bin dein Lockvogel, höre auf die Laute. K.«

Wer bitte schön ist K.? Ich schreibe lustig drauflos; Teile meine Jugendsünden und Vorlieben mit. Die Antworten höre ich nur in Form der Hupen der Autos, tags, abends, die ich mir zusammenspinne. Ich kann die Realität nicht mehr unterscheiden. Doch der entschlüsselte Liebesbrief gefällt mir. Ich ertappte mich, dass ich mit einem Stift zur Toilette laufe, um mir auf dem Papier etwas zu notieren. Ich kritzele allen möglichen Mist, so erfahre ich auch etwas aus seinem Leben.

So kann es nicht weitergehen. Wo ist sie, die Birne der Erleuchtung, die hell brennt? Ich fahre zu meiner Lieblingsbuchhandlung und kaufe mir einen Beutel voller Bücher. Ein neues Level!

Der Liegestuhl auf meinem Balkon ist mein neuer Lieblingsplatz. Ich ignoriere alle Geräusche und lese, lese, lese. Zumindest versuche ich es. Ganz nebenbei spüre ich ein neues Thema. Treffpunkte!

Willkommen in der Realität. Mein Heimweg ist nicht mehr einsam, ich achte auf die Leute. Menschen sind das Letzte, das ich wieder in mein neues Leben lasse. Ich schaue sie mir gut an, um nicht mehr enttäuscht zu werden. Wie mit der Handynummer, die gestimmt hat, teste ich nun ganz unauffällig den bestimmten Ort am Bahndamm. Leider warte ich, ohne es zu merken, viel zu lange. Negativ. Doch in der nächsten Zeit läuft an dieser Stelle immer derselbe Mann lächelnd an mir vorüber mit einer Mütze voll Graupel. Kein Wort kommt über unsere Lippen. Ich wechsele meinen Nachhauseweg. Doch den Mann treffe ich noch an allen Orten der Stadt. Ich sehe ihn mit seinen Kindern.

Meine zweite, heile Welt kann starten, dank Musik und der Hilfe eines unbekannten Fremden; ohne schlechtes Gewissen und ohne mich entschuldigen zu müssen, und ich freue mich jedes Mal, wenn ich ihn sehe.

Sternenflüstern

Per aspera ad astra. Durch die rauen Anfänge hin zu den Sternen, wenn auch über Umwege.

Schatz, ich hol dich ab, flieg mit mir den Träumen entgegen in eine wundervolle Zeit der Liebe und Gemütlichkeit. It's time to begin?

Der Nebelschleier ist gelüftet

Wortloses Labyrinth der Gefühle, Menschen pantomim, niemandem vertraut. Verhüllt die längst verblasste Erinnerung. Geblieben, kleine Wunder und die alte Haut, die Hülle, aus der sich keiner traut. Lesen im Spiegel deiner Augen, du nahmst dir die Zeit. Du fragtest mich einst nach dem Wege, den ich zu dieser Zeit noch nicht gekannt. Er war lang und steinig. Doch auf dem Umweg fand ich das, wonach ich nie gesucht. Weite Nebel. Komm mir entgegen. Die Nebelbänder ziehen aneinander vorbei, erreichen nie der Bäume Wipfel, weiß der Schleier, der sich leise lüftet. Verfangen im Jetzt, erreicht des Schlosses Spitze und es verfliegt, gehalten im Raum der Zeit, unendlich weit. Ein zarter Hauch Veilchenduft streift meine Nase.

Und wenn wir morgens erwachen, der Nieselregen leise rinnt und ich dein Gesicht betrachte, dein Atem ganz entspannt die Schlafdecke auf und nieder wippen lässt, puste ich sanft an dein Ohr und flüstere: »Frühstück«, und dein erstes Wort »unmöglich« heißt, dann kann ich ihn riechen, den Kaffee, den du mir noch nie gekocht hast. Du machst das beste Rührei der Welt. Ich liebe Stachelbeermarmelade. Wir krümeln wie die Weltmeister. »Yes, you are wonderful tonight«, wollte ich sagen, doch nur von Luft und Liebe kann eine Frau meines Alters nicht mehr leben, Sie verstehen, die Menopause. Keine zeitlichen Einschränkungen mehr, kein Unwohlsein außer den gelegentlichen Hitzeschüben. Ich habe deine süße Falte am Po gesehen. Wir starten in den Tag. Diesmal trägst du was darunter, oder?

Es ist spät geworden bei der Gartenparty unseres gemeinsamen Bekannten. Der Sekt hat mich verführt, meinen Leichtsinn mal so richtig auszuleben. Die Sommerfeier war wunderschön. Es duftete nach weißem Jasmin und die Schmetterlinge und Taubenschwanzkolibris umschwirrten den Sommerflieder.

Jeder hat wieder ein paar exquisite Häppchen mitgebracht. Ich entscheide mich für Brombeeren zum Wein. Ein lauer Abend mit viel Musik und Lachen, guten Gesprächen und einem Garten voller Lichter. Bis der Nieselregen kommt. Wir hören den »spirit of the rain«.

Ich in einer unglücklichen Beziehung und Henning in Trennung.

Melodie der Nacht

Berauscht der Sinne Gedanken höre ich geduldig deinem leisen Schnarchen zu. Liege stundenlang wach. Ein Bild erscheint wie eine Fata Morgana. Ganz klar und schön, so wie du bist. Versunken in tiefen Gefühlen, doch irgendwo blendet mich ein Licht, will es mir sagen, geh nicht weiter auf diesem Pfad der falschen Zuversicht? Wir schwimmen im Meer der Einsamkeit, doch gemeinsam erreichen wir die Sphäre, die die Dunkelheit bricht. Am Ziel aller Träume musiziert die reale Pflicht. Dich immer zu lieben, etwas Schöneres gibt es nicht, verwöhne dich mit meinen Händen und meiner Lippen Wonne.

Ich lausche der Glocken Geläute und buche spontan eine Studienreise nach Indonesien. Ich reise zu den fernen Tempeln von Borobudur auf einem faszinierenden Hochplateau mit Buddhas und steinernen Glocken und mit bezaubernder Fernsicht. Dazu ein bisschen Kultur und Abenteuer.

Für mich gewöhnungsbedürftig, mit so vielen Menschen gemeinsam zu reisen. Ich beobachte am Flughafen. Ein netter »Er«, nonchalant und höchstwahrscheinlich geschieden, unternimmt den ersten Annäherungsversuch. Ich reagiere nett. Nach langen Strapazen des Fluges nach Bali ist mein Auge von dem Prunk im Hotel erquickt. Erst eine Mütze voll Schlaf. Nichts geht mehr. Rien ne va plus. Ein Sonnenstrahl kitzelt mich und ich habe einen Mordshunger. Der Blick aus dem Zimmer ist atemberaubend. Im Hintergrund die Berge, davor weite Reisfelder. Das frische Obst ist aromatisch. Es schmeckt wie von der Sonne gepflückt. »Er«, Florian, sitzt natürlich an unserem Sechser-Mädelstisch. Ich profitiere etwas von den Erfahrungen der anderen Reiseteilnehmer, die regelmäßig Ferntouren dieser Art starten. Mein Fotoapparat ist gezückt. Ein Auto hupt kurz. Unser Chauffeur nebst Guide wartet bereits. Die erste Tour ist den Elefanten gewidmet. Sie dienen aber auch als Arbeitstiere, was für den ersten Moment für uns etwas merkwürdig erscheint. Aber sie sind gut umsorgt und das reinste Badevergnügen für die Tiere lässt unsere ersten Zweifel vergessen. Die süßen Fusselhaare am Kopf fange ich mit der Kamera ein. »Enfant« heißt auf Französisch »Kind«. Vielleicht gefallen mir deshalb die Rüsseltiere so gut. Auch Kinder haben auf Bali eine sehr privilegierte Stellung im Familienverbund. Das ist schön zu sehen. Wir spenden eine Kleinigkeit für die Elefanten. Nachmittags ist etwas Ruhe angesagt. Meine Blicke schweifen zur üppigen Flora. Lege ein kleines Nickerchen am Pool ein. Reni, die Laborantin, scheint auf den ersten und zweiten Blick richtig nett. Wir teilen uns ein Zimmer. Mich nervt nur ihr übertriebener Sagrotanfimmel. Ich ärgere sie ein bisschen und sage: »Siehst du dort die kleine Bazille mit den grünen Pantoffeln?«

Sie schaut tatsächlich in die Richtung meines Fingerzeigs. Wir lachen. Das erste Büfett am Abend ist ein Traum. Mit viel Liebe angerichtete Speisen auf kleinen geflochtenen Schalen, Hummer satt mit Senf-Mayo-Cognac-Mango-Dip. Genau mein Ding. Wir trinken einen alkoholfreien Cocktail und genießen die angenehmen Abendtemperaturen der schönen Insel Bali. Man spürt überall die Harmonie der Menschen im Einklang mit der Natur und den Göttern, die sie sehr verehren. Unsere gesamte Truppe sitzt im großen Halbkreis. Alle Teilnehmer der Studiengruppe haben sich mehr oder weniger viel zu erzählen. Es wird geplant und die ersten Kontakte sind abgetastet. Wir erhalten eine Fülle an Prospektmaterial, das es erst einmal zu sondieren gilt. Wir sind uns schnell einig.

WhatsApp an Henning: »Frag mal, ob ich was vermisse. Flipflops, Kokosnuss und Co lassen grüßen.« Smiley.

Reni, Florian und ich buchen einen Inlandflug auf die Nachbarinsel Java. Florian erzählt, dass er uns gern selbst fliegen würde, denn er besitzt einen Pilotenschein für Leichtflieger.

Meine Erwartungen werden nicht nur erfüllt, sondern übertroffen: Borobudur, ein Monument des Buddhismus. Atemberaubende Üppigkeit an Statuen und buddhistischen Elementen. Stupas, Pagoden, Glockentürme, insgesamt über vierhundert Relikte, die als Nachbildung des Universums gelten sollen. Diese heilige Stätte zählt zum UNESCO-Welterbe. Ich schieße gefühlte hundert Fotos. Eins davon bekommt einen Ehrenplatz im Wohnzimmer. Wir beschreiten ein Stück des Pilgerweges. »Matur«, sage ich, ein kleines Wort, es heißt »danke«, und »fantastic ayu« heißt »traumhaft schön«. Ich habe in letzter Zeit selten so von innen gestrahlt. Ich benutze das Mikrofon vom Handy, so habe ich alle Hände frei und nichts zu notieren. Wir sind überwältigt. Die Mönche segnen uns mit Armbändern, die man so lange trägt, bis sie abfallen. Nämlich genau dann soll ein Wunsch in Erfüllung gehen. Florian hat mich geknipst, obwohl ich das nicht wollte. Auch für seine zärtliche Berührung am Oberarm, die ich durch mein Tuch spürte, war ich nicht bereit. Zudem sind Zärtlichkeiten an diesen öffentlichen Stätten sowieso verboten. Warum tut der Mensch immer die verbotenen Dinge?

Die gesamte Truppe war sich einig, morgen geht es zum Pura Besakih, dem berühmten Muttertempel im Südwesten der Insel. Diese stufenförmige Stätte dient der Verehrung und für Opfergaben. Wunderschön. Alle Relikte des Hinduismus, die furchteinflößenden Masken und Statuen, sind uns Europäern fremd. Sie dienen der Abwehr alles Bösen. Wir bauen ein kleines Steintürmchen auf. Es soll symbolisieren, wir waren hier. Nichts Religiöses, nur Kulturelles wollen wir hinterlassen, einen Erinnerungsgruß.

Der Urlaub war anstrengend, aber lehrreich und sehenswert. Am vorletzten Abend genießen wir noch einheimische Folklore mit puppenhaft geschminkten Tänzerinnen des Legong-Tanzes in kunterbunten Stoffen aus Brokat, Blüten und Papierfähnchen – jedes steht für ein Gebet oder einen Wunsch, der sich erfüllen soll. Wir sind fasziniert von den Ritualen und Zeremonien, die auch ein wenig Nationalstolz darstellen. Die Balinesen drücken ihren ästhetischen Körperkult über ihre Tänze aus. Zum Essen werden lauwarme saubere Tücher gereicht. Das ayurvedische Angebot ist in Preis und Ausführung in Deutschland nicht zu toppen. Die Balinesen verstehen es, den Urlauber nicht nur mit ihrem Lächeln zu verzaubern, sondern ihn den Alltag fernab gänzlich vergessen zu lassen. Wir leben eine Verwöhnkur der Sinne. Überall ist die Lotusblume zu bewundern als Symbol der Kraft und des eigenen inneren Weges. »Om mani padme hum« – »Heil dem Juwel im Lotus«, der mit seinen Blütenblättern in alle Himmelsrichtungen zeigt. Umgeben von so vielen kleinen netten Gesten beenden wir unseren Trip und starten die Heimreise. Wir tauschen Handynummern und planen einen gemeinsamen Bilderabend. Das Lächeln der Balinesen verbirgt Angst und Scheu vor fremden Menschen. Die Lotusblüte gilt als Symbol der Reinheit. Die Menschen zelebrieren wortwörtlich die Geduld. Ich nehme stark an, dass in diesen Ländern das Burn-out-Syndrom noch völlig unbekannt ist.

Wieder daheim schleiche ich um Hennings Briefkasten herum. Diesmal habe ich ein unbändiges Bedürfnis, ihn zu sehen. Ich schrieb: »Ich habe was für dich.« Einen Stringtanga und ein paar Häppchen auf einem Silbertablett nahm ich mit. Er knutscht mich gleich hinter der Eingangstür ab und fährt mir unter den Pulli, dass mir das Tablett aus der Hand fällt. Ich liebe es, wenn er so stürmisch ist und mir kleine Sauereien ins Ohr flüstert.

Ich sage: »Anprobe gefällig?«, und wedele mit diesem Hauch von Nichts. Das hätte es aber nicht gebraucht, er ist auch so scharf wie Peperoni.

Schon am nächsten Tag ruft er an. »Wir warten auf dich, mein Teebeutel und ich. Komm zum Balsamweg siebzehn.«

Langsam gestaltet sich unser kleiner Flirt-Chat ganz schön frech. Er hat sich eine kleine Wohnung gemietet.

»Wieso lässt du mich so lange warten?«, hör ich. Wir feiern die verspätete Eröffnung auf unsere Weise, nämlich nur mal mit Quatschen und Kuscheln. Er sagt: »Es wird ein Weilchen dauern, bis die ersten Wunden verheilt sind. Bitte habe etwas Geduld mit mir und sei für mich da.«

Ich werde in der nächsten Zeit meine neue Freiheit in aller Form ausleben, ohne zeitliche Begrenzung, ohne irgendwelche Vorschriften leben, um herauszufinden, was ich wirklich will. Was Männer so mitnehmen, wenn sie ausziehen? Das Auto, den PC und ein paar frische Socken. So ungefähr, denke ich. Wenn die Männer wollen, können sie nämlich! Sie müssen nur wollen. Henning murkst irgendwas in der Küche. Es scheppert.

Ich rufe: »Hey, Rumpelstilzchen, gibt es ein Drei-Gänge-Menü?«

Ich liege in seinen Armen. Dann rezitiert er, wohlgemerkt um diese Uhrzeit, Rilke. Ich finde ihn ungemein kultiviert. Kennen Sie das Gedicht mit den Pinseln, seine Hände an seines Sinnes Saum? Ungemein erotisch und lesenswert. Mich durchfährt ein leiser Schauer des Glücks.

Wir essen mit Stäbchen Sushi im Bett und er sagt: »Es ist alles richtig, so wie es sich anfühlt. Ich habe dich sehr vermisst.«

Seine leckere Sushi-Auswahl sowie die schönste Nebensache der Welt genieße ich unendlich. Irgendwie könnte ich mich daran gewöhnen, leider bleibt immer noch das schlechte Gewissen, aber ich mag seine sexy Flüsterstimme an meinem Ohr.

Ich träume mal wieder einen Daydream. Wir sitzen zum Galadinner in einem großen Saal in einem Schloss. Ich trage ein figurmodellierendes Hemdchen mit Tigerpaspel, natürlich vom Lieblingsdesigner. Nix Falte. Wir sehen uns über die beiden Stirnseiten der Tafel mit Kerzenleuchtern an und schieben uns den Salzstreuer hin und her. Wie nobel!

Irgendwie sieht er an meinem Lächeln, dass ich mal wieder träume, und ich lasse ihn teilhaben an dem Traum. »Gnadenlose Romantikerin«, sagt er. »Stimmt«, sage ich.

»Eine Falte in deinem Kleid hat wie eine Woge geschaukelt, Träume mir vorgegaukelt: Wie schön ihr seid. Einer Woge glich diese Falte, von deinem Atem aufgewühlt. Und trotzig hat die kalte Welle dein warmes Fleisch umspült. Es glätten keine Bedenken solch bezaubernd wogende Faltung. Ich ging an dir vorbei wie ein Strolch ...« – Joachim Ringelnatz.

Wir düsen samstags für einen ganzen Tag an die Nordsee. Ich sage doch, der Mann ist verrückt. Irgendwie liebevoll-crazy und ungemein einfallsreich. Warm eingekleidet laufen wir Arm in Arm auf den Dünen entlang. Kleine bizarre Schneeflocken tanzen vor unseren Nasen, die Sonne lässt den Schnee ganz bezaubernd glitzern. Im hohen Gras sind ein paar vertrocknete Schneckengehäuse und Rehe zu sehen. Du stehst im Niemandsland und schaust nach dem Wurm im Watt. Ein Sandkorn, leere Strandkörbe, und dahinter? Nichts zu sehen außer einer ganz wunderbaren Stille im Wind. Du sinnst in Gedanken, was können wir tun? Ein Hotel mit Meerblick und gutem Essen haben wir schnell gefunden. Wir wärmen uns auf. Henning lässt bereits beim Essen den stürmischen Liebreiz seiner Augen durchblicken. Ich genieße die zärtliche Berührung der Spitze seines Daumens am Rand meiner Lippen. Angetörnt von den Schneckenhäuschen.

Noch am selben Tag fuhren wir abends zurück. Im Auto haben wir herumgeblödelt und gesungen. Es hat mal richtig gutgetan, frischen Meereswind zu tanken.

»Halte dich an mir fest, wenn dir danach ist.«

Wir stehen im Vestibül einer Konzerthalle zum großen Weihnachtsoratorium von Johann Sebastian Bach und Georg Friedrich Händel. Seine Augen leuchten und sein Lächeln ist irgendwie dezent-verständnisvoll. Er riecht gut und mich zieht jede Faser meines Körpers in seine Nähe, um mich sicher fallen zu lassen. Über die Zeit hocherfreut. Immer aufwärts zu den Sternen. Klar wird's erst am Ende sein. Wir werden lernen, damit umzugehen. Aber der Club der einsamen Herzen muss warten. Ein Hauch Wehmut, nein eine Portion Blues liegt in der Luft. Leise Klänge von »Still Got the Blues« von Gary Moore tönen durch Raum und Zeit.

Für immer mit dir nach irgendwo? Er antwortet: »Fürs Erste eine Woche Gran Canaria gefällig, Madame?«

»Ja, du süßer Kofferfisch«. Je oller, desto doller, denke ich. Na und! Ich verspüre ungeahnte Glücksgefühle. Wir nehmen getrennte Flieger. Ich habe noch einiges zu regeln. In der gemieteten Suite ist Henning nicht anzutreffen, nur seine kleine unübersehbare Unordnung. Erst bin ich darüber etwas sauer. Doch wie immer erkunde ich zunächst den Strand. Ich schreite einsam am Meer, die kühlen Wellen umspielen meine Füße. Ich lasse mich langsam fallen, in Sicherheit. Ganz weit hinten traue ich meinen Augen kaum, denn da kommt Henning am Meer entlanggelaufen, nackt, seine Sandalen in der Hand. Sein bestes Stück baumelt dynamisch hin und her. Ich liebe diesen Anblick, besser gesagt, er macht mich wild. Ich trete auf ihn zu und spreche: »Hallöchen, ein schönes Lächeln hast du heute wieder an.«

Mehr braucht's nicht im Moment. Den langen Kuss heben wir uns für abends auf. Wir laufen Hand in Hand barfuß am Meer entlang und gehen einen Kaffee trinken. Auf der angesagtesten Terrasse des Grandhotels Costa Meloneras schlürfen wir Seeigel und Austern, blicken auf den Sternenhimmel und die Wellen, bis die rote Sonne am Horizont untergeht und sich kupferfarben im Meer widerspiegelt. Beim Küssen schmecke ich das Salz auf seiner Haut. Wir schreiten durch die Nacht. Sie umhüllt uns mit ihrer Dunkelheit.

Henning hat tatsächlich für uns den Bungalow am Waldrand gekauft, wo wir uns einst so zärtlich hingebungsvoll geliebt haben. Die Gardinen wehen bei offener Terrassentür, die Kirschzweige sind zum Greifen nah, die Vögel zwitschern und ich bin glücklich.

Kapitel 3

Südliche Begegnungen

Der Duft des Südens

Leseprobe aus »Venus und der Duft des Südens«

Im Zauber der Venus wandeln wir mit Kornelius, meiner galanten männlichen Reisebegleitung, auf den Spuren der Antike durch Griechenland und Italien bis hin nach Dresden zu den alten Meistern. Lassen Sie sich verzaubern vom Thema Venus.

Doch vorerst zu Kornelius: Ich lernte ihn in einer Bibliothek kennen. Ein Ort, den heutzutage nur noch wenige Menschen wirklich kennen. Kornelius, wie Peter Cornelius? »Du, entschuldige, i kenn di.« Stattdessen fragt er, wie ich heiße und wo er mich finden kann.

»Gestatten, Linda, Floristin, und hier ist meine Telefonnummer.«

Er ist Dozent für Geschichte und reist für sein Leben gerne an antike Stätten. Zwischen uns hat sich eine wunderbare Freundschaft entwickelt. Ich sitze in einem seiner Seminare auf der »Schulbank«. Wir vereinbaren einen gemeinsamen Bildungsurlaub quer über das Mittelmeer mit Start in Dresden. Wir ergänzen uns perfekt, er quasselt und ich fotografiere. Wir essen beide gern, aber mir sieht man es an. Das ist so. Obwohl er sich nichts aus Frauen macht, rein sexuell gesehen, wenn Sie verstehen. Ich blinzle mit den Augen, dann bestellt er die Rechnung. Kein Streit, keine überflüssigen Worte, keine Vorhaltungen, das ist es, was ich an ihm genieße. Meistens hänge ich an unsere Ausflüge noch ein paar Tage Erholungsurlaub zum Lesen und Baden hintendran. So schnappt eben die Venusfliegenfalle nicht zu. Perfekt. Freundschaft ist etwas sehr Kostbares. Obwohl dieser Mann genau in meiner Galaxie schwebt! Denke ich zumindest. Denn genauso schnell wie die schöne fleischfressende Pflanze zuschnappt, nämlich in hundert Millisekunden, habe ich mich verliebt. Dazu später.

Venus – röm. Göttin der Liebe und der Schönheit, lateinisch (Pons).

Ich tanze zum Lied von »Golden Earring« wie in Trance und du schaust meinen leidenschaftlichen Bewegungen zu.

Heute scheint mein Glückstag zu sein. Der Schein der Venus mit ihrem hell strahlenden Lichtpunkt ist am klaren Abendhimmel zu sehen. Aus der Ferne höre ich zauberhafte Musik. Ich halte inne und bleibe ein Weilchen stehen, um den Moment in mir aufzunehmen und eine Hommage an die Frau von gestern und von heute zu zelebrieren.

Gestern noch die Venus wie das Höhlenbild oder die Skulptur aus prähistorischer Zeit, mit Kurven und gebärfreudigem Becken, die Frau von heute versteckt eher ihre Kurven unter der Kleidung. Die fehlenden Rundungen der Frauen der Neuzeit sind nicht mehr zwangsläufig ein Synonym für fehlende Fruchtbarkeit, sondern für Ästhetik im Wandel der Zeit.

Mein Leben fällt eher etwas normaler aus.

Oft lässt man sich von Namen blenden. Giacomo G. Casanova, der italienische Abenteurer und Chevalier, hatte wohl viele Frauen, aber Ramses zeugte einhundert Kinder. Die Überleitung zum Jetzt ist daher eher etwas holprig: Wenn sich Scheichs im Orient mehrere Frauen nehmen, dann ist das ein Symbol von ungeheurem Reichtum. Denn für den Lebensunterhalt aller Frauen zu sorgen, ist selbstverständlich. Für uns Europäer eher unvorstellbar. In Europa hat man offiziell eine Frau, und nach der Scheidung zahlt man als Mann Alimente für die Kinder und ist fein raus für das nächste Abenteuer. Die Stars und Sternchen aus Film und Fernsehen leben es uns vor, zumal sie nicht diesen monotonen, geregelten

Alltag haben wie Otto Normal. Viel gereist und so manchen Verlockungen ausgesetzt im Scheinwerferlicht und bei Schampus fallen dann oft alle Hemmungen. Das ist doch verständlich. Oder?

Gina Lollobrigida wurde einst zur schönsten Frau der Welt erkoren und ist eine derjenigen Schauspielerinnen, die es ganz weit nach oben bis nach Brooklyn auf die Bühne Amerikas geschafft haben. Sie wurde von einem großen US-Magazin als Sexsymbol entdeckt, spielte u. a. die Rolle der »kaiserlichen Venus«, ließ sich 1978 mit Andy Warhol in New York fotografisch ablichten. Er war fasziniert von Italien und neapolitanischer Pizza. Doch es steckte viel mehr in Gina Lollobrigida. Sie sang und hatte eine Vorliebe für Fotografie. In ihrem Bildband »Gina Lollobrigida« zeigt sie ihr ungeschöntes Italien. Alberto Moravia umschrieb lobend den fotografischen Blickwinkel und die Authentizität ihrer Person: natürlich, albern, unauffällig.

Manche Menschen erscheinen und versprühen eine ungeheure Aura, sie füllen den Raum.

Aber dennoch muss man sagen, dass all die weiblichen Legenden wie die Monroe mit all ihrem Ruhm untergingen. Frauen waren und sind viel zu emotional, um mit dem klischeehaften Schubladendenken ihrer Fans zurechtzukommen. Zwischen Rampenlicht und Alltag klafft ein riesengroßer Unterschied. Man lebt zwei Leben und genau das gilt es strikt zu trennen. Auch die Erkenntnis, dass eine Frau mit ein paar Schwangerschaftsstreifen nicht gleich hässlich ist, muss man leben und verstehen. Frauen des normalen Alltags leisten Großes in Beruf und Familie bzw. darüber hinaus. Sei es die inzwischen farbige Frau, die dir mit Zeitungsstapel auf dem Kopf auf der Straße begegnet, oder die Zugbegleiterin, die sich oft anpöbeln lassen muss, oder die Kassiererin, die nie

Rosen oder Erdbeeren geschenkt bekommt, die sie verkauft.

Eine Reise beginnt bekanntlich meistens mit dem ersten Schritt, wie man so schön sagt. Wir starten in Dresden über Florenz und Korfu.

Mein Koffer ist peinlich genau nach den geplanten Stationen minimalistisch gepackt. Dafür ist die Vorfreude grenzenlos. Kornelius ruft an.

»Bereit, Gnädigste? Ich hoffe, wir werden es ein paar Tage, ohne uns anzuöden, miteinander aushalten?« Ich: »Na klar.«

Die Stadt bezaubert mit ihrer barocken Pracht. Wir bestaunen am Elbufer, dem Ausgangspunkt zwischen Alt- und Neustadt, die Schönheit der Brühlschen Terrasse und der Promenade mit Panoramablick über die Elbe und Ausflugsdampfer nahe der Münzgasse. Oberhalb der Treppenanlage befindet sich ein Rondell der Planeten, darunter auch die Venus, dargestellt als »der Liebe Herrschaft ohne Gesetz« in Bronze. Wir finden die »Schlummernde Venus« von Giorgione im Albertinum des Dresdner Zwingers, lassen uns von den alten Meistern inspirieren. Wir besteigen die wunderschöne Kuppel der Frauenkirche mit Blick über Dresden und sind gefangen vom Anblick des schönen Vestibüls der Semperoper. Der Striezelmarkt bietet zu jeder Jahreszeit Attraktionen und gutes Essen. Wer jedoch die Küche ferner Länder schmecken möchte, ist in der Prager Straße bestens aufgehoben.

Mein Firenze, Perle der Renaissance, Schönheit am Arno mit ihren Brücken, Statuen und endlosen Museen. Unser Blick aus dem Hotel verrät noch die morgendliche Stille. Wir trinken Kaffee und spüren, wie eine Stadt erwacht. Geschäftiges Treiben am Markt. Die Sonne flutet alle Gassen mit einem warmen Licht. Wir treffen neben einer hervorragenden toskanischen Küche auf David, Lorenzo, Michelangelo und natürlich Boticellis »Geburt der Venus« in der Galleria degli Uffizi. In dieser Gegend gibt es exquisite Produkte wie Olivenöl, Pasta, Schinken und Trüffel. Ein Besuch lohnt sich auch kulinarisch. »Venus« heißt auf Arabisch »Ahzahra«, ähnlich wie das berühmte Modelabel, nur mit dem Unterschied, dass ich in diese Größen nicht mehr hineinpasse. Die schöne Italienerin als solche ist perfekt gekleidet und geschminkt. Wenn eine Europäerin am Tag tausend Worte benutzt, spricht die Italienerin mindestens das Doppelte. Zumindest hat man das Gefühl.

Wir begegnen Sissi auf Korfu. Sissi, Kaiserin von Österreich. Nach ihr ist eine orangefarbene Rose benannt. Sie schrieb ein »poetisches Tagebuch«, das ihre depressiven Phasen widerspiegelt. Sie ließ auf Korfu das »Achilleion« errichten, weilte dort und an diversen Kurorten für ausgiebige Spaziergänge. Der parkähnliche Garten auf dem Hügel in Korfu mit dem einzigartigen Panoramablick auf das Meer ist wunderschön. Wir sitzen auf der Restaurantterrasse, die wie ein riesengroßer grün berankter eiserner Pavillon anmutet. Man verweilt ohne Eile und lässt den Blick über das Meer schweifen. Ein Platz zum Träumen mit griechischen Relikten und Mythen direkt am Meer. Die Griechen glaubten, Perlen seien die Früchte der Liebesgöttin Venus. Kornelius erzählt auf wunderbare Weise. Auch die Damen am Nachbartisch hören zu. Ich esse mit frischen Kräutern gewürzten Feta in Silberfolie zu Toast und Tomatensalat und möchte noch ein bisschen an dem schönen Ort verweilen, bevor wir unsere Heimreise antreten.

»Bis zum nächsten Mal, Küsschen.«

Ich gehe spazieren. Der Mann, der mir auf den ersten Blick gefällt, liest unter einer Kastanie. Ich ertappe mich beim Schäkern mit den Augen. Meine innere Stimme spricht.

»Hey, du gefällst mir. Ich bin ein Schmusekätzchen mit leichtem Schweißfuß und etwas bockig.«

Seither beobachte ich ihn. Gut Ding will Weile haben! Ich drehe an meinen rötlich-blonden Locken und schmunzle vor mich hin. Ich habe heute die Venus im Stier und das bedeutet Bedürfnis nach Sinnlichkeit und Harmonie. Blicke auf meinen roséfarbenen Nagellack von E., Nummer sechsundfünfzig »You and Me«. Ja, das wäre die Frage. »Candy Girl« von E., Nummer weiß ich nicht. Habe ein unbändiges Lüstchen, ein bisschen zu flirten. Wenn er das wüsste! Vielleicht fragt er noch: »Zu dir oder zu mir?«

Zypern, diese Insel des Göttervaters Zeus und der Aphrodite, der Schaumgeborenen, steht sinnbildlich für Kultur und hat eine eigene Flagge. Ich bin mal wieder mit Kornelius unterwegs auf dieser geschichtsträchtigen Insel. Ein Traum sind die langen Panoramapromenaden direkt am Meer entlang. Die romantischen Städtchen mit ihren alten Gassen erinnern an alte Handwerkskünste. Große Amphoren und Kupferkessel säumen die Straßen. Vorm Friseurladen steht ein kleines Wäschegerüst mit Handtüchern zum Trocknen. In der Metzgerei hängen Lammköpfe, ganz anders als in Europa. Die Speisen haben einen orientalischen Touch und der sonnengereifte Wein schmeckt göttlich. An den Straßenrändern wachsen wilde Kapernsträucher.

Unser Morgen startet mit einem Frühstück im schattigen Patio, umsäumt mit duftenden Minzesträuchern und Venusrosen. Man möchte gar nicht aufstehen. Doch wir haben einiges vor. Wir besuchen die Königsgräber, ein einzigartiges Anwesen direkt am Meer zwischen alten Olivenbäumen. Die »Tombs of Thrones« in Paphos wollen wir unbedingt sehen. Das Anwesen befindet sich direkt am Meer. Der kühlende Wind lässt auch jeden nicht kulturbegeisterten Mitreisenden beim Anblick der Steinrelikte erstrahlen. Weiter geht es zu den »Fränkischen Bädern« nach Paphos. Ich fotografiere Kornelius unbemerkt, als er um einen antiken Torbogen geschlendert kommt. Die Hitze ist noch im Oktober kaum zu ertragen. Dann weichen wir aus und besuchen ein Museum oder verweilen in den kühlenden Mauern der Festung aus byzantinischer Zeit in Larnaca. Im Hofe des historischen Larnaca-Forts blühen duftende Kräuter. Im Innenhof finden Konzerte statt; gesäumt von grünen Pinien setzen wir uns in die erste Reihe. Mit dem Pkw fahren wir zum Salzsee von Larnaca. Der Anblick der rosa Flamingos ist zauberhaft.

Ein Teil des Wanderweges gehört zur Aphrodite-Kulturroute. Aphrodite, die griechische Göttin der Liebe und der Schönheit, auch Venus genannt, wurde der Legende nach von den Wellen des Meeres auf Zypern an den Strand gespült. Adonis fand damals die schöne Aphrodite. Die griechische Kykladeninsel Milos ist berühmt geworden durch die Statue der Venus von Milo, die heute im französischen Louvre zu finden ist.

»Der Beglückte ist der, der die Venus schauen darf.« So sagte bereits Friedrich Schiller.

Diverse Schönheitssymbole wie den Schwan, die Rose und die Jakobsmuschel kennen wir. Doch auch die Araber sind Kenner der Ästhetik und Schönheit. Zudem öffnete 2017 der Louvre Abu Dhabi. Dieses universelle Museum des Orients stellt neben der Darstellung der arabischen Welt Kulturobjekte und Leihgaben aller Kulturen aus. So auch aus dem französischen Louvre. Wir treffen also van Gogh und da Vinci in der Wüste. Vielleicht auch die Venus? Im verhüllten Orient ist das ein absolutes Novum und zugleich die »Öffnung« der Natürlichkeit. Die sehr gelungene Dachkonstruktion des Louvre Abu Dhabi lässt ein paar optische Parallelen zum »Mucem« in Marseille erahnen. Die Zeitung schrieb etwas von »Regen aus Licht«. Von außen ein fast europäisches Gewand. Besuchen Sie bei der Gelegenheit auch die Sheikh-Zayed-Moschee im Marmorprunk und mit ungeahnter Großzügigkeit an Einfallsreichtum, Material und Licht. Nicht nur die Kulturobjekte, auch die Menschen dort strahlen eine zufriedene Besonnenheit und ausgeglichene Güte aus.

Das Bad der Aphrodite in der Nähe von Paphos besuchen wir nicht.

Im Süden abends auf der Plaza zu sitzen, ist ein Muss. Endlich laben wir uns beim Wein an kleinen Köstlichkeiten. Es spielt eine dezente fremde Musik. Wir wohnen im »Princess-Hotel« sehr individuell Tür an Tür und abends sitzen wir in Nachtwäsche auf dem Balkon, ich die Füße auf der Brüstung. Kornelius schaut sich meine Bilder an. Wenn sich tagsüber die Frauen an Kornelius nicht sattsehen können, er rasiert sich zweimal täglich, dann sagt er liebevoll zu mir: »Linda, Darling«, und fährt mir durchs Haar. Das hilft immer für den Moment. Abends packe ich meinen Vibrator aus und beiße ins Handtuch, ohne mich zu schämen. Irgendwann hat doch jeder seine Wünsche und Sehnsüchte, die er lebt. Meine Fantasien drehen sich ebenso um die Venus. Schon Rilke verglich die Frau mit dem Morgentau. Er umschrieb bereits das Bild der Geburt der Venus in seinen Gedichten in höchst erotischer Poesie und unschuldiger Reinheit, gepaart mit aufgeladener Erotik, wie man süßere Worte der Liebe als Mann nicht finden kann.

Wie immer fiel uns der Abschied von der schönen Insel sehr schwer. Bis zum frühen Morgen, an dem unser Flieger startet, sitzen wir auf gepackten Koffern im lauen Nachtwind und sehen den Fischern mit ihren beleuchteten Booten beim Fang der Tintenfische zu.

Weiter geht es nach Sizilien. Messina ist nordöstlich der Insel gelegen; eine wunderschöne Stadt vor dem Berg Monte Scuderi. Inmitten der kleinen Gassen herrscht ein geschäftstüchtiges Treiben mit Künstlern und Gemüsehändlern. Kornelius schwärmt vom Orionbrunnen und dem Dom von Messina im byzantinisch-orientalischen Stil mit Säulen und Blütenelementen. Die Darstellungen auf dem Brunnen präsentieren vier Botschaften und vier Phasen des Lebens, nämlich Kindheit, Jugend, Erwachsenen- und Greisenalter, dargestellt durch einen Engel, der diesen Brief übergibt. Kornelius lockt mich an diesen Ort, um mir eine weitere Überraschung zu präsentieren: die Venusquelle, die »Terme Vigliatore«. Wir checken im Grandhotel »Parco Augusto« ein. Diese Überraschung ist gelungen. Wir verbringen noch drei Tage in dieser Therme. Aus dem Glaspavillon hat man abends einen berauschenden Ausblick auf den gesamten Park mit seinen beleuchteten, romantischen Wegen. Doch zum allerersten Mal erscheint mir unser Zusammensein etwas »too much«. So viel Romantik möchte man doch am allerliebsten gemeinsam mit seinem Partner genießen. Ich schließe die Augen und tauche aus dem Becken, da liegt er, der Mann meiner Träume. Ich küsse in Gedanken seinen Nabel und ganz langsam nach unten die kleinen wilden Kräusellöckchen über der Badehose. »Hallo wach?« Ich denke nur noch an eine Beziehung, doch diese ist nicht in Sicht.

Venus

Eine Venus entsteigt dem Bade, umhüllt von einem Gewand aus Morgentau und deinem lüsternen Blick, nackt. Zart schimmernd noch der Nebel der Nacht. Blaue Sterne schicken sie fort an jenen Ort, zu dir. Ein Morgen erwacht.

Etwas wehmütig reisen wir beide ab. Strömender Regen kühlt unsere Gemüter. Durchnässt stehe ich vor Kornelius wie ein kleines Kind. Meine Frisur sieht scheußlich aus. Die Luft riecht wie frisch gewaschen und als die Sonne scheint, dampft die Straße wie nach einem Saunagang mit neunzig Grad. Er kauft noch eine Zeitung, bevor wir den Heimweg antreten.

Sonnengetaucht

»Der Mensch schweift gern in die Ferne«, sagte Johann Wolfgang von Goethe.

Es zieht den Menschen ab und zu in die Fremde, und mich sowieso. Reisen ist mein Leben. Erfahrungen, Bräuche und neue Geschmäcker aufzuspüren, kann süchtig machen.

Endlich im schönsten Frühling meines Lebens finde ich Marc, den Mann meiner Träume. Diesmal sitzt er unter den Kolonnaden und wartet auf mich. Nachdem ich drei unendlich lange Tage auf seine Rückmail gewartet habe. Einer muss schließlich den Anfang machen. Alles an ihm strahlt eine pure Sinnlichkeit aus. Mir fällt ein Gedicht von Rainer Maria Rilke ein über die Linde, den Lieblingsbaum, mit tausend Zweigen zwischen Traum und Tag.

In Marcs Treppenhaus hängt das Aquarell »Venus-Pferde« von Siegfried Anzinger und ich weiß, hier bin ich richtig.

Wir treffen uns auf einen Drink in der Innenstadt und reden über unsere Vergangenheit, unsere Vorlieben und Freizeitgestaltung. Ganz nebenbei entdecke ich so manche kleine liebenswerte Geste an ihm, leicht kauzig. Er liebt es genau wie ich, einmal aus dem Alltag auszubrechen und kleine Auszeiten zu genießen.

Ich bin gerade dabei, mein Leben noch mal ganz neu zu entdecken, denn die Chemie zwischen uns stimmt. Ganz zwanglos gehen wir es an. Doch mehr als Küsse gibt es noch nicht. Wenn er wüsste, dass ich mich mit viel weniger zufriedengebe. Wir zeigen uns nun oft zu zweit in der Öffentlichkeit auf kleinen Spaziergängen durch unseren Lieblingspark. Doch abends holt mich die Sehnsucht nach Wärme ein. Es gibt Dinge, die ich ihm nicht am Telefon sagen möchte. Unser gemeinsames Frühstück am Wochenende war schon mal ein toller Beginn einer hoffentlich großen Leidenschaft. Marc hat noch so eine alte Kaffeemaschine, die so anheimelnd blubbert und deren Kaffeeduft den ganzen Raum erfüllt. Er hatte frische Brötchen und Erdbeeren geholt. Damit kann man mich direkt hinterm Ofen vorlocken.

In der nächsten Woche erscheint er mit einem zauberhaften Rosenbukett und wir gehen etwas auf Tuchfühlung. Woher er die Flasche Rotwein aus der Venustraube organisiert hat, bleibt sein Geheimnis. »Venus sitzt am Ofen, wo Bachus Feuer schürt«, sagt der Volksmund.

Der Wein ist vollmundig ohne Tannine. Wir tanzen emotional und langsam zur leisen Musik. Bis er mir bereits etwas atemlos ins Ohr haucht, ob ich gern mit ihm schlafen würde. Wir entdecken uns zärtlich und dann stürmisch irgendwie. In mir tanzen hundert Schmetterlinge. Er riecht sehr gut. Auch der Anblick seines männlichen Nabels und seiner Füße können mich sehr begeistern.

Ich kraule seinen Nacken. Für danach habe ich etwas Zimtschokolade vorrätig. Dann schnippeln wir gemeinsam Wurstsalat. Normalerweise kann ich es nicht ausstehen, wenn mir beim Kochen jemand helfen will, aber seine Berührungen zeigen mir die angenehme sinnliche Seite. Ich frage nach seinem Lieblingsessen und wir stimmen beim Sauerbraten hundert Prozent überein. Ich lade ihn fürs Wochenende zum Mittagessen ein, doch die Woche vergeht ziemlich langsam. Meine Vorfreude steigt ins Unendliche. Wir telefonieren und treffen uns noch am selben Abend in der Sauna. Er will mich sehen. Da sitzt er nun mit seinem dunkelblauen Handtuch um die Hüfte gewickelt und dampft glücklich vor sich hin. Mich zieht es zunächst in den Whirlpool. Rundum spiegeln sich die zauberhaften Lichter im Wasser und schaffen eine wunderbar romantische Stimmung. Wir säuseln leise Worte. In dieser Nacht schlafe ich wie ein Murmeltier.

Eine Frau merkt, wenn das Glück an die Tür klopft. Ich strahle eine sonnentrunkene Zufriedenheit aus, denn genau so fühle ich mich.

Wir planen einen gemeinsamen Radurlaub am Balaton. Dazu muss ich sagen, wir würden dabei auf den Spuren unserer Urahnen wandeln. Meine Wurzeln liegen in Ungarn. Als Kind besuchte ich Urgroßmutter Piroska Zsòfia am Südufer des Balatons. Ich erinnere mich an ein großes Haus mit Garten und schattigem Steinvorbau. Dahinter lag ein dunkler Raum mit einem großen, staubigen Sofa. Mein Opa schlief nachts auf der Terrasse. Das flache warme Wasser am Balaton ist im Sommer mit Sand durchzogen. Mittags gibt es Maisfladen (kukonica kenýer) und Maiskolben statt Bockwurst.

Von daheim aus ordern wir Räder. Das Haus meiner Urahnen ist noch genauso schön und alt wie früher. Im Herrenzimmer hängen noch die schweren dunkelgrünen Vorhänge und das Bild der Urgroßeltern. Die Dunkelheit erdrückt mich wie damals. Der gesamte Raum ist getaucht in dunkelgrüne Tapete. An der Decke hängt ein großer Kristallleuchter. Vom oberen Fenster aus kann man direkt auf den Balaton und die Berge sehen. Die Küche ist riesengroß und funktionell. Wir schlendern wie früher über den Markt. Marc tätschelt mich ständig am Popo und sucht meine Nähe, das tut gut. Ich erkenne die mit Honig gefüllten Bären aus Plastik wieder, die es schon früher in meiner Kindheit zu kaufen gab. Die Pfirsiche haben Übergröße und werden lecker präsentiert, dass man gleich reinbeißen möchte. Die alten Frauen sitzen den ganzen Tag auf dem Markt und bieten ihre Handarbeiten an. Die Häuser sind geschmückt mit Zwiebel-, Mais- und Peperonizöpfen.

Am nächsten Morgen unternehmen wir unsere erste Radtour am See in einer traumhaften Kulisse der nahen Weinberge und Ausflugsschiffe. Wir erspähen ein Schiff namens »Venus«. Reizend! Spontan buchen wir eine kleine Rundfahrt quer über den Balaton. Begleitet von Geigen naschen wir an unseren Melonenhäppchen, genauso wie sich das in der Region gehört. Mittags essen wir Zander und Paprikahuhn in einem urigen Lokal mit Weinkeller »Borozo« und trinken einen schweren süßen Tokajer zum Dessert. Doch die besten in Honig eingelegten Aprikosen aus der Kindheit spüre ich wie in Gedanken auf meiner Zunge. Abends sitzen wir wunderbar romantisch in der glitzernden Abendsonne, die sich auf dem Wasser spiegelt, und hören dem Csardas zu. Marc kauft mir eine rote Rose. »Köszönet«, danke. Inzwischen ist mein Cousin mit seiner Familie eingetroffen. Meine Schwester hat sich in der Kinderzeit nie mit ihm verstanden, aber ich dafür umso mehr. Wir turteln fast. Marc ist eifersüchtig. Nein, ich habe nichts mit meinem Cousin. Doch wir verleben ein paar schöne gemeinsame familiäre Tage am See und Abende auf der überdachten Veranda. Ohne WhatsApp und Elektronik besinnen wir uns bewusst auf die herkömmlichen persönlichen Werte und Kontakte, was ja heutzutage kaum noch jemandem gelingt. Gemeinsam einzukaufen, zu kochen und zu speisen hat eben auch etwas sehr Sinnliches. Unter dem alten duftenden Zitronenbaum und bunter Beleuchtung sitzend, verbringen wir die Zeit bis Mitternacht bei lustigen Episoden und etwas zu viel Wein. Die Gästezimmer für das nächste Jahr warten auf uns. Den Schlüssel legen wir wie immer bei der Haushälterin unter den Blumenkasten und treten unsere Heimreise an. Daheim droht mein Briefkasten unter der Last von Werbeblättchen zu bersten. Nerv! Ich stelle vorerst das Reisegepäck beiseite, lüfte gut durch und lasse mich von einer leisen Musik im Radio berieseln. Daheim kann ich so am besten entspannen. Die nächsten Wochen verlaufen unspektakulär. Ich esse massenweise ungesunde Sachen, zähle neunzehn Plastikgäbelchen vom Wurstsalat. Zeit für eine vernünftige Ernährung. Bereits ein schlauer Franzose sagte, dass Essen ein menschliches Bedürfnis und Genießen eine hohe Kunst ist. Und genau das macht eben nur zu zweit richtig Spaß. Marc habe ich seit Längerem nicht mehr gesehen nach unserem kleinen Streit. Die Tage mit den für ihn fremden Menschen ohne Zweisamkeit und ohne Radfahren waren ihm zu viel.

»What's wrong?« Zeit. Er braucht Zeit. Und während ich dem Trocknen meiner Sofadecke harre, um für die Kuschelmomente gewappnet zu sein, fällt mir ein, ich bin ihm eine Antwort schuldig geblieben. Willkommen in der hintersten Reihe, Linda. Ich gieße mir eine große Rhabarberschorle ein und genieße die letzten wärmenden Sonnenstrahlen im August. Plötzlich weiß ich die Antwort. Zu spät? Ich schreibe eine zaghafte WhatsApp: »Worauf wartest du? Ich brauche dich doch sowieso.

Komm mir entgegen. Beziehungspause ist vorbei. Sitze im Park. Linda.«

Da kommt er angetrabt und steht etwas hilflos ohne Worte vor mir.

»Hallo, schön dich zu sehen.«

Die Enten am Fluss schnattern um die Wette, wir bleiben beide ziemlich stumm. Wie gerne hätte ich ihn jetzt geküsst. Ich frage nicht nach dem Warum. Meine Intuition ist genau richtig. Am nächsten Tag steht er mit Rosen vor meiner Tür.

»Ich bin ein Narr. Wie konnte ich glauben, was mir andere Leute über dich erzählt haben. Vergib mir, Schäfchen.«

Dabei wollte ich mich doch entschuldigen. Ich halte ihn fest und genieße die Wärme seines Körpers dicht bei mir. Der nächste Morgen fühlt sich an wie frisch gewaschen. Die Sonne strahlt heller, der Rasen ist grüner. Ich schwebe auf Wolke sieben, falls es diese gibt. Wir leben unsere lose Beziehung mit allen Sinnen und Freiheiten.

Der Orient

Lieben Sie den Orient? Wir reisen in Gedanken zurück zu unserer ersten Begegnung mit unserer Jugendliebe. Als Symbol der Liebe dient im Orient die wilde Olive, die in einen silbernen Schimmer getaucht ist. Zum persischen Frühlingsfest im März, dem Nouruz, werden Festtafeln mit Köstlichkeiten heiliger Elemente zelebriert. So auch die Olive, die mit ihren süßen, salzigen und bitteren Elementen die vielen Facetten der Liebe darstellt.

Während du mich berührst, sinne ich der Zeiten von gestern. Du warst immer da, ausdauernd wie ein Kamel. Tausend Gefühle wie Tasten am Klavier begleiten mich.

Ein langersehntes Wiedersehen

In Windeseile ging eine schmale Gestalt in ein buntes Sommerkleid gehüllt, das knapp den Boden berührte, die Palmallee entlang. Das rote Tuch, welches sie um den Kopf gewickelt hatte, bewegte sich im Wind und ihre dazu passenden hellrosa Sandalen klapperten auf dem sandigen Boden, dort, wo an manchen Stellen noch Pflastersteine lagen. Im Vorbeigehen erblickte sie einen Ast voller Datteln, blieb kurz stehen und pflückte mit ihren zarten Fingern einige Früchte davon ab. Sie hielt kurz inne, steckte eine in ihren Mund. Welche Gedanken sich wohl jetzt in ihrem Kopf abspielten? Dann setzte sie ihren Weg fort.

Ein schmiedeeiserner Zaun war aus der Ferne zu erkennen. Der Weg wurde zusehends schmaler, bis er sich zu einem schmalen Sandstreifen verwandelte. Dann stand sie vor einem offenen, kunstvoll geschmiedeten Tor. Eine prächtige Dattelpalme zu ihrer linken Seite warf ihre Schatten inmitten des glühenden Sonnenballs. Einige Minuten verweilte sie unter der Palme, dann gab sie sich einen Ruck und betrat den anliegenden Park. Schüchtern blickte sie über ihre Schultern und bemerkte unter einem Olivenbaum am Stein sitzend einen jungen, sportlichen Mann. Ihre Augen schauten suchend umher, doch es war außer dem jungen Mann Amir niemand um sie herum zu sehen. Ihre Blicke fanden sich kurz. Sie lief weiter. Kinder spielten im Sand und eine Großfamilie hatte auf einer Decke auf dem Boden eine Mahlzeit ausgebreitet. Der Tee duftete schon von Weitem köstlich nach Pfefferminze. Mit zaghaften Schritten ging sie auf Amir zu und um ihn herum, so als müsste sie ihn betrachten und alles neu entdecken. Seit einem Jahr hatten sie sich nicht mehr gesehen. Sein gewelltes, dunkelbraunes Haar schimmerte kastanienfarben. Sie stand hinter ihm, dann wendete er seinen Kopf und umarmte sie kurz entschlossen. Sie war überwältigt. Beide fühlten immer noch dasselbe. Eine seiner Hände nahm sie an der Hand. Dann verschwanden sie hinter dem Oleanderstrauch, der in vollen dunkelroten Blüten stand. Sie vernahmen das Rauschen des Brunnens, bis sie zärtlich alles ringsum vergaßen, als sich ihre Lippen berührten und verschmolzen. Sie streichelte über sein Haar und spielte mit seinen Haarsträhnen, die einzeln durch ihre Finger glitten. Das hatte sie so vermisst. Bis zu diesem Zeitpunkt hatten sie beide kein Wort gewechselt. Ganz zaghaft, aber doch vernehmbar kam es über ihre Lippen: »Ich habe dich so vermisst.« Er hingegen sprach: »Endlich bist du da. Ich lasse dich nie wieder gehen.«

Langsam ließen beide einander los und gingen Hand in Hand zum Brunnen. Leila setzte sich und ihre braunen Augen nahmen einen ganz besonderen Glanz an. Ein wenig Röte stieg in ihre Wangen. Sie war glücklich. Amir war fasziniert von ihrem Antlitz. Sein Blick hing an ihr, bis das Zwitschern junger Schwalben ihn in die Realität zurückholte. Der Hauch einer Windböe streifte die Äste der Sträucher mit betörendem Duft von Jasmin. Das Aroma spürte er in seinen Nasenflügeln. Wo war der Jasminstrauch im Park versteckt? So wie Leila und Amir, die ihre Liebe Jahre hindurch geheim gehalten hatten.

Befreit und unbeschwert plauderten sie, wie es ihnen in der letzten Zeit ergangen war, und träumten von der Zukunft, ohne sich verstecken zu müssen. Die Sonne stand hell und klar am Horizont, loderte vom Himmel, so wie die reine Liebe dieser Liebenden. Sie bestaunten den Springbrunnen. Das Wasser sprühte empor wie ein Delfin, floss unaufhaltsam weiter wie der Kreislauf des Lebens und das Wasser für die Ewigkeit. Drei Pferde umgaben den Brunnen und verkörperten Kraft, Schnelligkeit und Anmut. Diese drei weiblichen Schönheiten waren mythische Götter, welche jeweils einen Krug in der Hand hielten, woraus Wasser hervorquoll. Die drei Krüge symbolisierten Reinheit, Reinwaschung und ein erfülltes Leben. Götter stehen für Leben, Erneuerung und Vergänglichkeit. Der Delfin steht für furchtlose Liebe. Langsam machten sie sich auf den Rückweg.

Amir pflückte ihr eine Jasminblüte von einem Strauch, der sich zu seiner rechten Seite ausbreitete. Dann kniete er vor ihr auf dem sandig-erdigen Boden nieder. Er wollte nicht länger warten. Die Zeit verrann, so wie das Wasser unaufhaltsam floss. Das Wasser war immer klar, aber die Zeit spürte man irgendwann mit silberner Strähne im Haar. Der Wind hatte einige Samen durch die Luft getragen. Zwischen all dem Gras wuchs eine strahlend blaue Distel, die standhaft der Sonne ausgesetzt war. Sie blühte stolz mit ihren Dornen und wunderschönen Blüten. Die Distel lebte trotz der Härte der Natur mit ihrer ganzen Kraft, weil sie das Leben liebte. Schmetterlinge schwebten durch die Luft. Leila beobachtete die Schmetterlinge.

Amir machte ihr schlicht, anmutig und stolz einen Heiratsantrag mit einer zarten Jasminblüte in der Hand und sprach diese Worte: »So wie diese Diestel werden wir mit unsrer Liebe allen Stürmen standhalten. Klar wie das Wasser werden unsere Herzen sein. Kraft und Vertrauen soll unsere Zukunft sein. Du, Liebe meines Lebens, willst du meine Frau sein?« Glück stand in ihre feuchten, glänzenden Augen geschrieben. Sie nahm den Jasmin an ihr Herz. Dann zog sie Amir zu sich. Sie hatten sich endlich gefunden. Die Götter hatten es gut mit ihnen gemeint.

»Liebesgeschichten werden täglich neu erfunden, jede für sich einzigartig und schön, egal in welcher Kultur wir uns befinden. Poesie kann man spüren, kann sie im Alltag leben. Poesie geht immer und überall, am Melkschemel, auf dem Arbeitsweg. Poesie hilft uns, nach Problemen zu uns selbst zurückzufinden. Alles braucht seine Zeit. Wir nehmen sie uns.«

Beatrix Ramona Benmoussa-Strouhal aus: »Ein Stück von mir aus aller Welt«

Faszination des Momentes

Der erste Augenblick ist einzigartig, man kann ihn nicht festhalten. Er bleibt jedoch tief in unserem Herzen und immer in Erinnerung.

Die Frau von heute ist sehr wählerisch, aber auch sehr erfinderisch, wenn es um Glücksmomente geht. Sie erfreut sich des Augenblicks. Überlegen schmunzelt sie über den einen Moment. Egal wie er gerade aussehen mag. Die Faszination des ersten Males vergisst man nie. Der erste Kuss, das erste Glas Champagner, die erste Landung auf einer wunderschönen Ferieninsel. Heute neigen wir dazu, alles für selbstverständlich anzusehen. Fokussieren wir unseren Blick mehr auf die kleinen Dinge. Wer entlockt uns das erste Lächeln des Tages? Im Regal liegt noch die letzte Packung Himbeeren, als hätte sie auf uns gewartet. Die Frische des Morgens, die Blüte, die sich gerade öffnet, die junge Frau, die sie an früher erinnert, sind unwiederbringlich.

Die Blume

Auf dem Dach dieser Welt blüht eine Blume, die Sehnsucht heißt. Sie trotzt Sonne, Regen und Wind. Sie duftet, wie noch nie eine Blüte roch. Sie lächelt in sich hinein, ist eine ganz besondere, widerstandsfähige Blume. Allein ist sie und wartet, bis ihre Blätter getrocknet sind. Dann trägt sie der Wind mit sich fort bis an jenen Ort, wo sie liebevoll und jung erwacht wie ein starkes Gänseblümchen auf der Wiese.

Jede Frau ist eine schöne Blume, die es versteht, mit ihrer Ausstrahlung alle Blicke auf sich zu ziehen.

Die Rose

Die rote Rose, die seit jeher mit ihrem Duft die Nasen der Ladys betört, ist eines der ältesten Symbole der Liebe. Wir stellen uns vor, wie der Buhle im Mittelalter mit einer Rose im Mund die Leiter zum Fenster der Liebsten erklimmt. Rosengärten sind auch heute noch ein Statussymbol. In der Alhambra ist einer der schönsten Gärten mit kleinen gelben Kletterrosen und duftenden Edelrosen zu bestaunen. In den Wüsten der Erde hat die Natur ein Wunder erschaffen, die Rose von Jericho. Die welke Blüte kann Jahre überdauern und wird schließlich nach dem ersten Regen zur lebendigen Schönheit wiederbelebt. Auch die versteinerten Sandrosen, die Wüstenrosen, sind wunderschön.

Eine orientalische Nacht

Ich treffe einen Autor auf der Buchmesse in Frankfurt. Wir trinken eine Tasse Kaffee, bevor er seine Lesung am Verlagsstand hält. Ich bin ein begeisterter Fan seiner Bücher, die über Begebenheiten aus seiner Heimat berichten. Seine Augen strahlen beim Erzählen und er macht mir Appetit auf eine Reise nach Arabien.

»Irgendwann«, so spricht er, »erlebst du diese Faszination, doch es ist auch eine andere Welt, vielleicht wirst du mich verstehen, was ich hier in Deutschland schätze. Bitte gib mir unbedingt eine Rückmeldung, welche Gefühle du empfunden hast.« Dann tauche ich mit halb geschlossenen Augen in seine Geschichten bei der Lesung ein.

Ich buche über Weihnachten eine Seereise in den Orient. Als ich am Weihnachtsmorgen erwache und die Vorhänge in der Kabine zurückziehe, bin ich überwältigt. Ich befinde mich ich einer anderen Welt. Die Berge des Hadschar-Gebirges, monumental, sind kahl und doch gewaltig und wunderschön. Die blaue Bucht, in der unser Schiff anlegt, gibt einen Blick auf ein großes weißes Weihrauchgefäß frei. Wir sind in Muskat im Sultanat Oman angekommen. Oben an Deck des Schiffes schieße ich ein Panoramafoto. Als wir von Bord gehen, fahren uns Busse bis zur Corniche, einer Hafenmole vor dem Souk.

Sofort erkenne ich, hier ticken die Uhren anders. Slow. So als hätte man alle Zeit der Welt. Auf den Straßen stehen nur Männer in ihren weißen Dishdashas. Aus dem Souk, dem arabischen Basar, duftete es verführerisch. Die blaue Moschee direkt am Ufer des Persischen Golfes strahlt in einem Türkisblau wie die Wellen des Meeres. Im Basar ist man umgeben von Düften des Weihrauchs, der für unsere europäischen Nasen im ersten Moment etwas fremd anmutet. Die Männer sind eher ruhig, in sich gekehrt, erhaben und mehr auf Körpersprache als auf Konversation konzentriert. Gewürze wie Curry, Rosenknospen und getrocknete Zitronen gibt es im Überfluss. Die kleinen orientalischen handgeschmiedeten Lampen verbreiten ein gemütliches

Flair. Händler und Taxifahrer werden hier von einer Männerdomäne regiert. Außer den wenigen Touristen sieht man keine einzige Frau auf den Straßen. Gefeiert wir strikt getrennt nach Geschlecht. Den arabischen Kaffee nehme ich gerne an, denn ich möchte nicht unhöflich erscheinen. Ich schmecke eine eigene Geschmacksrichtung, würzig. Körperkontakt zum Partner ist hier verpönt, das muss man auf allen öffentlichen Plätzen respektieren. Ich schlüpfe zum ersten Mal in eine elegante schwarze, figurumspielende Abaja, um barfuß den Teppich einer Moschee zu betreten. Man sieht kalligrafische Schriften, prunkvolle Leuchter und Ornamente in Marmor und Glas, so weit das Auge blickt. Ich bin überwältigt und verpasse fast den Bus zum Schiff. Am nächsten Morgen fahren wir zu einem Garten inmitten des Gebirges. Wunderschön. Gärten im Orient sind eine Oase für die Sinne. Alle alten persischen Gärten sind auf besondere Weise gestaltet. So auch die Alhambra. Vier große Elemente, die Feuer, Wasser, Erde und Luft bedeuten, und in der Mitte befindet sich ein Brunnen, aus dem der Überlieferung nach Milch, Honig, Wasser und Wein in die verschiedenen Richtungen floss. Der Garten duftet nach Rosmarin, Minze und Rosen. Granatäpfelsträucher, Jasmin, Feigen und Zitronen säumen den Weg. All dies hat auch seine Bedeutung, wie Wohlstand, Sinnlichkeit und Fruchtbarkeit. Ich stehe mitten im Paradies und höre nur die Singvögel und den leisen Wind, der innerhalb der hohen, schattenspendenden Mauern weht. Außerhalb der Mauern, mitten in der Wüste, muten die Kamele wie verlässliche Wegbegleiter an, mondän, graziös. Im Orient werden Reinheit und Körperkult mit rituellen Waschungen und Hammam gelebt. Henna verziert die Hände der Frauen. Ein Schönheitssymbol. Abend sind wir zu einer orientalischen Nacht eingeladen. Auf dem Weg begleitet uns ein betörender Duft, weiße Blüten des Jasmins, die im Mondlicht schimmern. Fackeln im Sand zeigen den Weg zum

Zelt. Wir treten ein, verneigen uns kurz und staunen über rote Teppiche, Quasten und opulente Stoffe. Eine Tafel ist reichlich gedeckt mit Schokodatteln, Trauben und Gebäck mit Rosenwasser, das mir besonders schmeckt. Begleitet von arabischen Instrumenten und Bauchtanz nehmen wir unser Festmahl ein. Mir fällt auf, hier wird wunderbar gelächelt. Ich schließe die Augen und lausche den Geschichten von Scheherazade.

Die Legende besagt, dass zwei Liebende, die einander wollen, sich gegenseitig eine Kleinigkeit zu essen anbieten. Der Liebesbiss. Wenn man ihn annimmt, besiegelt man damit die Liebe. Wie im Vogelreich, wo das Männchen dem Weibchen einen Wurm bringt, um ein gemeinsames Nest zu bauen.

Am nächsten Morgen legt unser Schiff ab in Richtung Abu Dhabi.

Das Meer

Es sind die Wellen, die wieder und wieder an das Ufer gleiten. Und doch ist das Meer faszinierend. Immer in ein anderes Licht getaucht, mal dunkelblau, mal kupfergolden glänzend und salzig. Du kommst immer wieder zurück und bestaunst die zauberhaften Sonnenuntergänge am Horizont. Das Meer mit seinen Gezeiten ist immer in Bewegung. Trotzdem spürst du das beruhigende Rauschen der Brandung, läufst barfuß an seinen Ufern. Das Meer erzählt seit Jahrtausenden die unterschiedlichsten Geschichten der Fischer und ihrer Familien. Fische haben seit jeher die Menschheit ernährt. Das Meer ist mal sanft, mal stürmisch-schäumend. Höre, wie der Wind über die Wellen gleitet, und erzähle ihm deine Geschichte.

Eine Liebe am Meer

Veröffentlicht im Literaturmagazin »Schreib Was«, Sonderausgabe zum Thema Erlebnissommer 2021

Wenn das Morgenlicht seine Flügel über dem Meer ausbreitet und das Farbenspiel des Wassers die Wellen in goldenen Glanz taucht, der Strand noch menschenleer ist und die Möwen schreien, besser kann kein Tag beginnen. Völlig überarbeitet reise ich kurz entschlossen in die Provence, in einen kleinen Vorort von Marseille. Etwas Ruhe in der Natur tanken ist mein einziges Ansinnen, kein Telefon, keine Termine. Ich miete ein kleines Fischerhäuschen direkt am Meer. Vom Bett aus kann man die Wellen beobachten. Morgens vor dem Frühstück laufe ich am Meer entlang, hole mir frische Brötchen und Fisch für das Mittagessen.

Maurice, ein armer Fischersohn, braungebrannt, sein Körper durchtrainiert, läuft am Strand entlang. Er sucht nach dem perfekten Start zum Surfen. Dort, wo die Wellen sich am Ufer brechen. Er schaut mich an, während ich so vor mich hin schlendere und die ersten Muscheln suche, die der Wind in der Nacht an das Ufer spülte. Ein kurzer Blick nur, in Millisekunden weiß ich, dass der Typ mir gefällt.

Irgendwie muss ich ihn an diesem Tag verpasst haben, denn am nächsten Morgen verkauft er mir höchstpersönlich den fangfrischen Fisch des Tages an dem kleinen romantischen Fischerhafen. Ich entscheide mich für Meeresbarsch und wir kommen kurz ins Gespräch. Er fragt nach meinem Namen. »Judith«, sage ich. »Ich bleibe hier für einen Sommer.« Er hat wunderschöne grüne Augen. Ich stelle mir uns als Liebespaar vor. Auf den ersten Blick ein ungleiches Paar, er ein Naturbursche, ich die ältere elegante Geschäftsfrau. Ich lade ihn abends zum Essen ein.

An diesem Tag bin ich aufgeregt wie ein Teenager. Ich ordne die wenigen Dinge an ihren Platz, lege eine frische Tischdecke auf und stelle eine Flasche gekühlten Cassis, den Weißwein der Region, bereit. Als ich eine Kerze anzünde, klopft es an der bereits offenen Tür. Maurice lächelt strahlend und überreicht mir eine wilde Rose, die er unterwegs gepflückt hat. Wir genießen den leichten Wind am Abend und reden über Gott und die Welt. »Danke für das gute Essen«, sagt er und geht kurz vor Mitternacht. Er küsst mich kurz auf die Wange. Ich kann es kaum erwarten, ihn morgen wiederzusehen. Zunächst gehe ich zum Markt, um meine Sommergarderobe etwas lässiger zu gestalten. Ich behalte es gleich an, den Hut und das lange bunte Kleid, das auf dem Rückweg am Wasser meine nackten Waden umhüllt. Ich winke Maurice. Er erkennt mich. Oh! Gemeinsam gehen wir ein Stück. Er erzählt von seinem Vater, der vor Jahren im Sturm im Meer ertrank. Seither verdient er seinen Lebensunterhalt mit Fischen und surft in seiner Freizeit. Am Strand ist weit und breit keine Menschenseele zu sehen. Ganz weit hinten, kurz vor den Klippen der Calanque, befindet sich ein Strandpavillon, der gerade eröffnet. Wir sitzen unter dem Sonnenschirm und trinken einen Kaffee. Um uns herum leise Musik. Maurice lädt mich für übermorgen zum Lavendelblütenfest ein. Irgendwie kribbelt es mir in den Fingern, mein Handy zu benutzen und meine Freundin anzurufen. Doch ich bleibe standhaft. Stattdessen schreibe ich eine Kolumne über die Fischer und das Leben in der Provence. Wir fahren mit einem Mietwagen zum Château de la Garde. Der Blick auf die Berge ist atemberaubend schön. Unten im Tal findet das Fest statt. Ich kaufe Lavendelseife und Lavendelsalz, schnuppere an dem Duft, den die Einheimischen aus Lavendel herstellen. Maurice trägt meine Basttasche und wir sehen aus wie ein Paar. Er kauft mir ein blaues Oberteil zur Jeans, das ich beschämt von ihm annehme. Die kleinen selbstgemachten Häppchen der Region schmecken vorzüglich. Auf dem Heimweg raunt er mir zu, dass er gerne über Nacht bleiben möchte. Es bedarf keiner Worte. Wir liegen auf einer Wellenlänge und sind erwachsen. Noch vor meinem Miethäuschen küssen wir uns leidenschaftlich. Unsere Kleidung ist schnell abgelegt. Ich spüre seine Erregtheit und wir lieben uns die ganze Nacht. Morgens sitze ich an ihn gelehnt, mit einer Tasse Kaffee, die er gekocht hat. Wir schauen aus dem Bett auf die Wellen und den beginnenden Morgen. Die nächsten Tage verfliegen wie im Wind. Unser letzter Abend naht. Wir sitzen auf den Klippen mit einem Glas Rotwein in der Hand.

Du trägst mich durch den Sturm, wir laufen barfuß am Strand. Deine fragenden Augen sehen mich an. Werden wir uns wiedersehen?

Fast ein Jahr ist seither vergangen, endlose Telefonate und Sehnsüchte treiben mich im Frühling hin zu dir. Die Wellen sind um diese Zeit noch stürmisch. Ich sitze im Anorak und mit Kapuze vor meiner Hütte. Hat er Angst vor seiner eigenen Courage? Ist er nicht ehrlich zu sich selbst? Ich bleibe zwei Wochen, spüre die Erinnerung vom vergangenen Jahr. Mein Stolz sagt mir, ihn nicht anzurufen. Enttäuscht reise ich ab und vertiefe mich in der nächsten Zeit in meine Arbeit in der Redaktion. Meine Kollegin und engste Freundin Cindy hilft mir dabei, meine traurigen Gefühle zu ordnen. Das einzige gemeinsame Foto vom Lavendelblütenfest ist alles, was mir als Erinnerung von ihm geblieben ist. Es steht auf meinem Kamin und ich betrachte es jeden Abend, ohne zu verstehen, warum eine Liebe so enden kann. Als ich mit Cindy in der Innenstadt beim Kaffee sitze, blättert ein Mann am Nachbartisch die Bildzeitung auf und ich sehe Maurice in Paris abgebildet. Er stellt sein neues Unternehmen vor. In mir tanzen tausend Fragen. Er hat auch nur Urlaub in der Provence gemacht? Liebt er mich noch? Hat er mir aus Panik seinen wahren Beruf verschwiegen? In diesem Moment klingelt mein Handy. »Bitte komme nach Cassis. Ich kann dir alles erklären«, sagt Maurice. Ich bin sprachlos. In der nächsten Woche schaut er hinter der Ecke meiner Fischerhütte hervor. Es bedarf keiner Worte. Wir halten uns fest in den Armen und küssen uns. Auf meinem Bett liegt ein Hochzeitskleid. Viele weitere Sommer kommen wir jährlich an diesen unseren wundervollen Platz auf dieser Welt.

Südwind

Leseprobe aus »Wege aus dem Untergrund«

Hey, ich bin Kurt. Kurt, der Geduldige. Mitte vierzig. Ein Kerl aus der Provinz. Mein Wesenszug mit Hang zum Alleinsein, das war schon immer so. Der, der sich alles gefallen lässt. Bis zu einem bestimmten Punkt. In der Schule hatte ich nur Freundinnen, denn für die Jungs war ich zu brav. Heute bin ich freier Industrieberater für Sicherheitssysteme und reise fast täglich innerhalb Deutschlands. Ich bin dunkelblond und habe eine ganz normale männliche Größe. Meine Nase ist etwas spitz zulaufend, ich habe einen schönen Kussmund. Brillenträger. Ich trage in der Freizeit meistens Jeans und ein unkompliziertes Karohemd. Unauffällig eben. Das liebe ich. Im Herzen bin ich immer ein »großer Junge« geblieben. Und das ist gut so.

Ich habe einen wundervollen Freund, Bruno, auch »Galbane« genannt. Ich erinnere mich gern an unsere Kindertage, an denen wir gemeinsam durch die Hinterhöfe der kleinen Vorstadt streiften, die ersten Küsse ausprobierten und fremde Birnen naschten. Wir frönen einem erfüllenden gemeinsamen Hobby, dem Radfahren. Ich stehe eindeutig auf Blondinen. An Bruno gefällt mir nicht, dass er Frauen nicht ernst nehmen kann. Manchmal vermisse ich die Zeiten, als mein Leben noch geregelt war. Meine Frau Sonja ist irgendwann gegangen, sie hat meine Geheimniskrämerei und das Alleinsein nicht mehr ertragen.

Jeden Morgen, wenn ich ins Leere greife, merke ich, wie sehr ich Sonja immer noch liebe. Ich habe in meinem Leben nur zwei Frauen ehrlich und leidenschaftlich geliebt. Natürlich die erste Jugendliebe und Sonja. Ein Glückstreffer, wenn es noch mal passiert. Meine Wohnung ist fast nie von mir bewohnt, außer am Wochenende, denn mein Zuhause sind die Hotels. Und so beginnt es. Heute residiere ich nicht mehr in großen Hotels. Die arbeitsreiche Woche geht zu Ende, ich befinde mich mehr auf der Autobahn als im Bett und freue mich auf das Wochenende. Doch was ich in meiner Wohnung vorfinde, ist schmutzige Wäsche. Ich brauche dringend eine »Putzfee«. Brunos Mutter kennt eine verlässliche Dame. Ich lade sie gleich für Samstagmorgen zu mir ein. Sie ist alleinstehend mit zwei Kindern und würde alles morgens vor der Arbeit erledigen. Ich übergebe ihr meinen Schlüssel zu treuen Händen für den nächsten Monatsersten. Meine Jogginghosen sehen mehr als leger aus. Meine Füße liegen auf dem Couchtisch, mein Bier ist schal und hat keinen Schaum mehr auf dem Glas. Ich habe Hunger. Ich bestelle mir eine Pizza vom Lieferdienst. Als ich die Tür öffne, steht so eine süße Blondine vor mir, die ich am liebsten gleich vernaschen würde. Das passiert mir äußerst selten, aber sie hat so das gewisse Etwas. Ich gebe ihr fuffzig Cent Trinkgeld. Ach nein, das habe ich nur geträumt, italienische Männer liefern selbst aus. Das lässt sich doch »Mr. Italiano« nicht nehmen, und zwar in akkurat blank geputztem schwarzem Schuh. Ich glaube, ich halluziniere. Spätabends ruft noch Bruno an. Er hat im Darknet eine »Slim-Party« entdeckt, was immer das auch sein soll. Als er kommt, begeistert wie immer, ruft er: »Strictly party, drinks. Keine Weiber. Okay?«

Er respektiert sowieso keine Frau mehr. Also tue ich ihm diesen Gefallen. Am Sonntag schlüpfe ich in meine letzte noch tragbare Jeans und gehe allein zum Italiener. Doch mir ist langweilig und ich rufe Bruno dazu. Dreimal dürfen Sie raten, was der wieder Gesundes auf seinem Teller hat. Ja, Caprese. Diese Tomaten-Mozzarella-Basilikum-Geschichte. Ich bestelle mir eine große Portion Spaghetti Formaggio mit drei Käsesorten, ohne mich schlecht zu fühlen, und für jeden ein Glas Rotwein, und noch eins. Bruno ist so ein Typ »Sky du Mont«, lässig, groß und schlaksig. Nur sein Haar beginnt erst langsam etwas grau zu werden. Wir plaudern über alte Zeiten. Endlich öffnet er sich und ich staune. Ja, ich kann ihn jetzt verstehen, warum er keine Frau näher an sich heranlässt. Gebürgt hat er für eine Ladeneröffnung seiner Ex. Geblieben sind Schulden, ein Berg nicht verkaufter Klamotten. Doch seinen Humor hat er nicht verloren und irgendwann steht die Richtige vor ihm. Ich selbst werde sie mir näher ansehen. Ich bin doch sein Freund. Kommt Zeit, kommt Rat. Was so ein Glas Wein zu viel doch für eine Wirkung hat. Ich bin froh, dass wir darüber sprechen. Montags kaufe ich mir ein neues Outfit und trete eine wichtige Dienstreise nach Bremen an. Als ich nach Hause fahre, traue ich meinen Augen nicht. Die Wohnung blitzeblank und gebügelte Hemden. Ich wähne mich im Schlaraffenland, als ich in der Küche auch noch gebackene Spargelmuffins entdecke. Daneben liegt ein Zettel: »Diesen Ausnahmeservice gibt es nur heute. Gaby.« Oh, diese Perle ist ihr Geld wert.

Ich bin äußerst gut gelaunt und werde mir für den Urlaub eine Schiffsreise buchen. Allein. Ohne Bruno. Punkt. Ich habe drei Lose in der Hand: Italien, Griechenland oder Portugal? Die Entscheidung ist leicht. Die Dame im Reisebüro ist gebürtige Portugiesin und weiß ihre Insiderinfos gut zu verkaufen. Ich entscheide mich für eine Seereise: Madeira und Portugal. Die Gegend rund um Porto ist wunderschön. Die lauten, wilden und doch irgendwie gezähmten Wellen des Atlantiks lassen alle Gespräche verstummen. Mit einer Kaffeetasse auf dem Balkon meiner Kabine studiere und plane ich mein Ausflugsprogramm per pedes und schließe mich für zwei Tage einer Gruppe Pilger auf dem Caminhos de Santiago an. Zum guten Ton gehört es, zu jeder Tageszeit einen Espresso zu sich zu nehmen und »very wichtig« auf sein Handy zu schauen. Meins nehme ich nur für wichtige Dinge zur Hand. Ich beobachte lieber die Menschen auf der Promenade von Varzim. Erfrischt unter der öffentlichen Dusche im »Booggie« starte ich in Richtung Porto ins Douro-Tal, laufe vorbei an Hochhäusern, deren verlassene Fassaden ohne jedes Grün eine gewisse Einsamkeit außerhalb der Saison vermuten lassen. Mit Sonne und Humor im Gepäck beobachte ich Muschelsucher, Burger verschlingende Pilger und rastende Pilger ohne Socken mit Blasen an den Füßen – Männerfüße unsexy. Das Douro-Tal ist atemberaubend schön mit den großen Stahlbrücken über den Fluss. Ich beobachte vorüberfahrende Schiffe, die von weither zu kommen scheinen. Zurück zu meinem Schiff fahre ich mit der Metro, die man zügig im »Express-Service« erreichen kann.

Abends sitze ich am Tisch an der Reling und blicke in den atemberaubenden Sonnenuntergang, als drei Ladys an mir vorbeilaufen, eingehüllt in Parfümwölkchen – so eine Mischung von Madame Rühr-mich-nicht-an und Blondinen – hilflos bei der Tischsuche. Köstlich. Charismatische »women's hour«? Ich beobachte die Damenwelt. Während ich meine Scampispieße und ein Glas Wein genieße, lausche ich den weiblichen Tischgesprächen, vielmehr dem Tischgekicher! Die eine ist etwas zurückhaltender, sie heißt also Susi. Oh! Sie ist auf den ersten Blick so eine Frau, die nicht so ganz oberflächlich erscheint. Die Absätze ihrer Pumps haben genau die richtige Höhe. Zu hohe Stöckel, in denen man nicht laufen kann, törnen mich eher ab. Erster Pluspunkt. Ihre Stimme klingt warm und melodisch zugleich. Irgendwie eine Frau, die hält, was sie verspricht. Ich bin fürs Erste spontan begeistert. In meiner Kabine nehme ich einen letzten zufriedenen Blick in den Spiegel. Der Abend kann starten.

Am nächsten Tag am Pool bringe ich ihr einen Drink und spreche sie an, mich beim nächsten Ausflug zu begleiten. Ihre Möpse lugen etwas unterm Bikinioberteil hervor. Sie ist nicht schlank, aber auch nicht mollig. Von allem ein winziges bisschen zu viel. Aber irgendwie süß. Ich liebkose sie mit meinen Augen. Ich will sie unbedingt kennenlernen. Susi, geschieden, ein Sohn. Wohnt auch bei Köln. Bingo! Wir verbringen einen wunderschönen Tag. Abends sitzt sie wieder mit ihren Freundinnen am Tisch und sie schauen ständig zu mir herüber.

»Oh Susi, was hast du mit mir getan?«

Susi ist zu meinem Lieblingsnamen geworden, den ich am Tag hundertmal vor mich hin singe. Er geht mir nicht mehr aus dem Kopf. Sie geht mir nicht mehr aus dem Kopf. Ich merke, der Erholungseffekt hat bei mir bereits eingesetzt. Meine Arbeit ist mir im Augenblick egal. Susi! Ich reserviere einen Tisch im Spezialitätenrestaurant. Im Chinalokal. Die Bedienung ist sehr diskret. Susi trägt ein dunkellila Kleid mit rosa Spitze am Ausschnitt. Dieses Outfit ist eine Mischung aus brav, zart und erotisch.

Doch ihre Ausstrahlung ist stark genug, Männer »unter Kontrolle zu halten«. Endlich eine Frau ohne den üblichen Fragenkatalog wie »Rauchst du?«, »Bist du geschieden?« etc. Ich versinke in ihren schönen Augen. Doch meine Gedanken schweifen und ich frage mich, ob sie irgendwann meine Welt versteht. Wir erzählen über unsere Leben und sie über ihre Sehnsüchte und Sorgen mit ihrem jugendlichen Sohn. Ich begleite sie zur Kabine und sie schiebt mir in allerletzter Sekunde beim flüchtigen Abschiedskuss ihre Telefonnummer zu. Nun stehe ich wie der letzte Esel vor ihrer Kabinentür Nummer achthundertzweiundvierzig. Ich mache mich etwas frisch und stehe noch etwas draußen auf dem Balkon, kann sowieso nicht schlafen. In mir tanzen tausend bescheuerte Fragen. Mein »Lanzelot« ist kaum noch zu bändigen. Nachts um eins laufe ich wie von selbst bis vor ihre Kabine, die bereits einen Spalt offen steht. Ich taste mich bis zu ihren Atemzügen vor. Sie steht nackt am Schrank und wartet bereits, bis mein Mund den ihren berührt. Ihre Brüste sind so weich wie Zuckerwatte, wie Puderzucker. Sie umfasst mein Glied und ich küsse ihren Bauchnabel, bis sich unsere Körper in purer Lust vereinen und sie leise in mein Ohr schreit. Wir schlafen in getrennten Zimmern ein und essen mit süffisantem Blickkontakt am Frühstückstisch jeder eine Zimtschnecke. Nein, Bruno rufe ich heute nicht an, er versteht mich in dieser Frage sowieso nicht.

WhatsApp an Susi: »Verbringe noch einen schönen Resturlaub mit deinen Freundinnen. Wir sehen uns in Köln. Kurt.« Unten am Meer kaufe ich in der kleinen Boutique den Pareo mit Flamingomotiven, der Susi so gefällt, und relaxe noch etwas lesend am Pool. In Lissabon gehe ich von Bord und nehme den nächsten Flug nach Köln. Ich muss Bruno sehen. »Hey Kurt, Alleinurlauber, auf welchen Meeren der Welt treibst du dich herum ohne mich?«, fragt er. »Ich schwöre, ich habe keine Frau gesucht, wollte mich nur ein bisschen erholen. Doch ich habe Susi kennengelernt. Blond. Sie bringt mich um den Verstand.« Unsere Radtour am Wochenende ist wie immer ein Erlebnis mit Bruno, der durchtrainierten »Sportlerwade«. Wir sind in unserem Element. Die Sonne scheint, als wir am See vorbeiradeln und kurz auf ein Kölsch stoppen. Wir nehmen jede Erquickung, die sich uns bietet. Das alte Kneippbecken hinten am Wald ist ein Muss. Der Kopf ist wieder frei.

Relaxt kann eine neue anstrengende Woche starten. Für Samstag verabrede ich mich per WhatsApp mit Susi in der Therme. Ich freue mich die ganze Zeit darauf zu hören, wie der Rest des Urlaubes war, und sie zu sehen, zu hören und zu riechen. Wer nicht zum vereinbarten Treff kommt, ist sie. Was ist passiert?

Frustriert trete ich meine Dienstreise an. Am nächsten Tag unterm Laternenschein macht Bruno einen Abendspaziergang. Er trifft ein paar Pärchen, die eng umschlungen durch die Nacht streifen. Ihm ist etwas mulmig zumute. Als er an der Brücke angelangt ist, sieht er wie im Film ein paar junge Männer, die zufrieden mit ein paar Flaschen Bier herumstehen. Ein Junge fällt ihm durch seine gute Kleidung auf. Sein Auto parkt an der Seite. Sein Gesicht prägt sich Bruno ganz genau ein. Am Morgen trifft er den Jungen in der Bäckerei wieder. Er kauft eine große Tüte Brötchen. »Hey«, sagt Bruno, »du bist aber hungrig. Ich habe dich doch gestern gesehen.«

Irgendwie hat es den Jugendlichen berührt und er ist froh, mal jemanden zum Reden zu treffen. »Ach, ich bin von daheim weggelaufen und habe die Lehre geschmissen. Meine Freundin ist auch gegangen. Ich bin selbst schuld, ich habe mit der Frau vom Chef gebumst. Vor Scham traue ich mich nicht mehr nach Hause. Ich schlafe in meinem Auto und benutze den Waschsalon. Abends spendiere ich ein paar Runden Bier und Lebensmittel, ab und zu Geld für Drogen. Ich selbst halte nichts von diesem Zeug. Meine Ersparnisse sind sehr geschrumpft und ich weiß nicht mehr weiter.«

»Aber ich«, sagt Bruno. »Wir gehen zu deinem Chef, der dich an einen Bekannten von mir mit gutem Zeugnis vermittelt. Du kannst deine Lehre fortsetzen. Ich habe einen Freund, der finanziell etwas helfen kann, bis du eine eigene kleine Bleibe gefunden hast. Und bitte, melde dich erst bei deiner Mutter. Das ist meine Bedingung.« Der Freund heißt Kurt. Wie witzig. Ich habe selbst keine Kinder und helfe gern mit tausend Euro aus für diesen guten Zweck. Ich habe zwar eine spitze Nase, aber geizig bin ich keineswegs, nur ein bisschen sparsam vielleicht, und ich wäge gerne ab, wofür ich mein Geld investiere.

Meine Mutter-Sohn-Beziehung meldet sich in diesem Moment. Der letzte Arzttermin, zu dem ich meine fünfzigjährige Mutter begleitet habe, blieb mir lange in Erinnerung. Der Arzt sprach: »Es gibt Momente im Leben, an denen mir mein Beruf keinen Spaß macht. Heute ist so ein Tag. Den Satz, den Sie jetzt hören werden, sagt kein Arzt leichtfertig vor sich hin. Sie haben noch sechs Wochen zu leben. Ich wünschte, ich könnte Ihnen etwas anderes sagen. Darmkrebs im Endstadium.«

Das war ein Schock und die Sprachlosigkeit steckt mir noch heute im Hals. Mutter heulte sich die Seele aus dem Leib. Ich versuchte, ihr noch ein paar schöne Momente zu bieten. Wir gingen in ein Kloster, lebten Gebete und die Stille. Endlich sprachen wir über das letzte Geleit, das Hemd, die Musik. In der kleinen Kapelle standen schließlich nur Bruno und ich. Er war wie ein zweiter Sohn für meine Mutter gewesen. Sie wollte ansonsten niemanden mehr »sehen«. Es lief der Song »Da Capo« von Udo Jürgens.

Heute besuche ich ihr Grab und erinnere mich zurück an unsere schönen gemeinsamen Momente. Nebenan steht ein Ehepaar, das viel zu früh seinen Sohn verloren hat. Das ist berührend, um nicht zu sagen mehr als nur traurig. Ich fühle mit ihnen. Es regnet. Ich schlendere gedankenversunken so vor mich hin zum Friseur, da sehe ich Susi. Ich eile über die Straße und stehe vor ihr wie der letzte Depp. Ich kann ihre kühle Distanz spüren. Doch es kommt kein Vorwurf von ihr. Offen blickt sie mir ins Gesicht.

Ich frage: »Wie war der Urlaub? Ich habe dir eine WhatsApp-Nachricht geschickt. Warum warst du vorigen Samstag nicht in der Therme?«

Sie sagt: »Man hat mir mein Handy gestohlen. Ich konnte deine Nachricht nicht empfangen.«

Alle Alarmglocken klingeln wieder bei mir. Ein Zufall ist das garantiert nicht.

Sie sagt: »Ich bin momentan sowieso nicht in Stimmung. Mein Sohn ist spurlos verschwunden. Er ist mir schließlich keine Rechenschaft mehr schuldig, ich komme nicht an ihn ran.«

Ich lade sie erst mal ins Warme auf eine Tasse Kaffee ein. Wir sitzen uns am Tisch gegenüber und ich spüre so eine Mischung aus Verlangen und Rücksichtnahme. Ganz komisch! Sie riecht gut.

»Alles kommt wieder ins Lot«, beruhige ich sie. »Treffen wir uns nächsten Samstag in der Therme?«

Sie schmunzelt endlich. Am liebsten würde ich gleich mit ihr ins Bett gehen, doch gut Ding will eben Weile haben. Susi steht am Eingang in Jeans und einem hübschen schwarzen T-Shirt mit einer Sporttasche und wartet auf mich. Was für ein Gefühl! Ich kann mich kaum erinnern, wann das letzte Mal ein weibliches Wesen auf mich gewartet hat. Ich küsse sanft ihre Wange und überreiche ihr den Pareo aus Portugal. »Kleine Wiedergutmachung für den Urlaubsabbruch. Ich hatte meine Gründe. Erkläre ich dir später.« Hocherfreut juchzt sie mir ihre Freude entgegen. »Flamingos, ich liebe Flamingos! Danke.« Küsschen. In der Sauna betrachte ich jede Kleinigkeit an ihr, so beiläufig, versteht sich. Unser letztes Date hatte im Halbdunkel stattgefunden. Schön ist sie. Schön, fraulich und blond! Ihre Haut ist zart und am Rücken hat sie ein paar süße Leberflecke. Ihr reifer, runder Busen lässt ihre großen Knospen wie ein paar lächelnde Augen wirken. Ich erteile Befehl an Lanzelot: »Zurückhalten!«

Bruno hat uns eine extravagante Radtour über Bike-Adventures ausgesucht. Endlich wieder Pedale und Sattel. Ich liebe diese sportlichen Ausflüge. Wir werden auf Sardinien starten mit guter Laune und Wind im Gepäck. Doch hoffentlich ohne Ausläufer des Mistrals. Im Spätherbst ist unsere liebste Zeit zum Radeln in Symbiose mit den Annehmlichkeiten eines guten Hotels und noch besserem Essen. Endlich die Gepäckstücke am Airport verstaut, landen wir in Olbia im Nordwesten der Insel. Die Sonne strahlt, unsere erste kleine Radtour startet entlang des Meeresufers, vorbei an mannshohen Rosmarinsträuchern, die verführerisch duften. Wir fahren schweigend hintereinander her und bestaunen die atemberaubende Aussicht, umhüllt von einer salzhaltigen Luft. Wunderbar. Abends sitzen wir in einer Trattoria – einer offenen Gastronomie unter Olivenbäumen, direkt neben den Einheimischen. Es ist üblich, dass in der Mitte des Tisches eine große Schüssel Spaghetti mit Meeresfrüchten und gefülltem Oktopus zur Vorspeise steht, an der sich jeder bedient. Wir fühlen uns direkt »familiär integriert«. Bruno redet nicht viel, aber was er sagt, hat irgendwie Gewicht. Er plaudert auf Italienisch und ein paar Brocken Sardisch hat er auch drauf. Ich verstehe wie immer Bahnhof, lächle verdrossen und staune über ihn. Dazu ein Glas Cannonau di Sardegna – Rotwein – und das Fladenbrot »pane carasau«, das Brot der Hirten, bis der Hauptgang, Spanferkel, kredenzt wird. Unsere Räder stehen längst im Hotel. Bruno hebt die Zähne und isst nur das Brot. »Buona notte.« Nach der ersten Nacht schlafen wir tief und fest und starten am Morgen in Richtung Süden nach Cagliari, bestaunen Ruinen, Salinen und Flamingos. Die zauberhaften kleinen türkisfarbenen Buchten der Insel laden uns zum Baden ein. Doch wie immer sind wir wachsam für die Umgebung. Kalte Augen, kalte Blicke. Wen hat uns Steffen wieder geschickt? Unsere Devise: »Bloß nicht auffallen.«

Als wir am späten Nachmittag auf der Sonnenliege unsere Hälse in die Abendsonne recken, fällt uns nebenan eine alte Lady mit einem Buch auf. Sie muss wohl eingeschlafen sein. Kein Laut, keine Bewegung. Diskret holen wir den Hotelchef. Die Dame war allein gereist und ist für immer eingeschlafen. Wir begeben uns aufs Zimmer und auf dem Weg dahin treffen wir mit dem Commissario Pepino im Lift zusammen, der noch ein paar Fragen an uns hat.

Am nächsten Morgen regnet es. Ich checke meine geschäftlichen E-Mails und WhatsApps. Susis Sohn hat ein Lebenszeichen gegeben, na prima. Nun ist sie wieder entspannter. Ich werde sie nach allen Regeln der Kunst langsam verführen. Es folgen Tage der wunderbaren Entspannung in der Natur, vorbei an Felsen und Bergstraßen mit zehnprozentiger Neigung. Unterwegs laben wir uns an Wasserfällen, lauschen dem Plätschern, strecken die Füße ins Wasser, was auf Italienisch so viel wie »a mollo« bedeutet. Wir füllen unsere Flaschen auf und biegen ab in verträumte Gassen mit alten Mauern. Radfahren bedeutet für uns Freiheit. In einem kleinen Bistro namens »Zia Toro« kocht uns die Inhaberin ein Gericht mit Schwertfisch in Limonensoße. Die Einheimischen sitzen am Nachbartisch, als hätten sie auf uns gewartet. Galbane kommt mit ihnen ins Gespräch. Sie berichten vom Vorjahr, als ein Schirokko über die Insel gefegt ist. Das Wasser verändert seine Farbe ins Rötliche und in dieses Licht getaucht sind die Schwertfische vom Felsen aus zu sehen. Gesättigt stoßen wir noch mit einem Rotwein auf unsere Kosten an. Abends sind wir ausgepowert. Für die Rückreise nehmen wir die Fähre von »Sardegna Ferries« über Marseille. Heute Morgen wirbelt Gaby mit dem Staubsauger um mich herum mit ihren graziösen Bewegungen. Sie denkt, ich bin noch unterwegs. Das laute Geräusch nervt etwas, doch ich stelle sie mir im roten Kleid vor, wie sie tanzt. Sie ist eine außergewöhnliche Frau. Der Einladung zu einer geschäftlichen Konferenz in Köln muss ich wohl Folge leisten, obwohl ich diese Art Veranstaltung hasse. Sie findet in einem Nobelhotel statt. Ich betrete den roten Teppich und setze mein dezentes geschäftliches Lächeln auf. Ich sehe mich wie immer erst ein bisschen um. Der Korridor zum Geschehen scheint unendlich lang. Die Deko finde ich sehr gelungen. Der Lift ist stark frequentiert. In den oberen Etagen hat man einen fantastischen Ausblick auf die Stadt, den Rhein, die Brücken und die beleuchtete Kölnarena. Händeschütteln, Floskeln, Sekt, dann endlich nehme ich meinen Platz ein. Der Vortrag zieht sich ewig hin und mir knurrt bereits der Magen, als endlich ein großer Wagen hereingeschoben wird und delikate Häppchen kredenzt werden. Ich nehme eine Serviette und einen kleinen Teller und esse genüsslich fachsimpelnd am Stehtisch mit Ralf, meinem Bekannten. Dann kommt ein junger Mann und bringt mir mein Handy, das ich wohl irgendwo verloren haben muss, ohne es zu bemerken. Er hatte es beobachtet. »Danke«, sage ich. Gesichter kann ich mir gut merken. Ich sitze neben Ralf und die Konferenz langweilt mich inzwischen.

Ich schaue unauffällig auf die eingehende WhatsApp: »Das Täubchen passt nicht mehr durch das Fenster.« Hä? »Rumpelstilzchen ist mein Name.«

Hä? Solchen Mist im Quadrat habe ich noch nie gelesen. Ich gehe davon aus, dass es ein weibliches Wesen ist, und schreibe zurück: »Verehrteste, Sie haben soeben ein paar Schnipsel Ihres Drehbuches zur Theateraufführung für Kinder versendet oder etwas zu viel gegessen. Danke für die lustige WhatsApp.« Meine Laune ist jetzt besser. Es ist bereits später November. Zugegeben, auch Männer sind in dieser Jahreszeit etwas melancholisch. Ich fahre nach Hause und schlafe gefühlte zwölf Stunden. In unserer Branche ist in der dunklen Jahreszeit so kurz vor Weihnachten Hochkonjunktur. Diesmal fahre ich gemeinsam mit Ralf nach Nürnberg und wir suchen ein Hotel etwas außerhalb der Stadt aus. Immer wenn ich Tauben fliegen sehe, muss ich heute lachen. Tauben stehen für den Heiligen Geist. Zu Hause koche ich mir einen Tee mit Cognac und sortiere meine Papiere, die sich bereits zu einem Turm aufgestapelt haben.

Ein Objekt mit Luxusappartements im höherpreisigen Sektor, mit dem Allerfeinsten ausgestattet, wird in Kürze eröffnet. Es gehört einer Stiftung. Ich treffe mich mit Steffen zum Besichtigungstermin. Die Lobby ist mit einer Rezeption aus Marmor ausgestattet wie in einem Hotel. Der Service bietet eine Rundumversorgung wie Handwerker- und Wäscheservice, Reinigungs- und Einkaufsservice. Ich denke direkt an Gaby. Fernab aller Hierarchien und Konventionen wird sie diese Aufgabe meistern. Vorerst richten wir einen Office-Raum für die Belange der neuen Besitzer ein, den wir im Wechsel einmal wöchentlich besetzen. Büro Nummer zwei. Vorerst teste ich Gabys Qualifikationen für den neuen Job. Ich bitte sie, mit mir zu kommen und den Leuten am Lift behilflich zu sein. Sie macht das fabelhaft und sprüht förmlich vor Freundlichkeit. Elegant wir immer. Dann formulieren wir eine Bewerbung als Rezeptionistin. Es ist Dezember. Die dunklen Wolken ziehen. Ich habe Sehnsucht nach Susi.

Kurz entschlossen sende ich eine WhatsApp an Susi: »Ich will dich. Zieh dir einen heißen Fummel an. In zehn Minuten kommt ein Taxi. Kurt in love.«

Sie steht vor meiner Tür. »Ich vertraue dir blind«, wispert sie mir ins Ohr. Es ist Freitagnacht. Sie küsst mich, nimmt mir sanft die Brille von der Nase. Dann liegen wir mit Sekt auf der Couch und schauen erotische Sender. Lust pur, eben in unserem Alter. Sie liegt in meinen Armen, mein Knie liegt zwischen ihren Schenkeln und ich streiche ihr sanft mit meinem Daumen über ihre vollen Lippen. Ich streichle ihre Brüste entlang der erotischen schwarzen Spitze, küsse ihren Bauchnabel und bringe mit der Zunge alle ihre Saiten zum Klingen, bis wir leiselustvoll im Fieber verglühen. Morgens bereite ich uns einen Milchkaffee. Sie sieht zauberhaft aus nach dieser Nacht. Ihr Haar wirbelt in wilden Locken ums Gesicht. Ihre Lippen sind noch voll und verlockend. Leider genügt mein Föhn nicht ihren Anforderungen an eine Frisur. Frauen eben. Ich muss schmunzeln. Sie bindet ihre Haare kurzerhand zu einem kleinen Dutt oben am Kopf. Sieht aus wie ein Sträußchen! Ich rufe ein Taxi für sie. Es ist inzwischen Silvester und ich sitze allein auf meiner Couch. Susi feiert mit ihren Freundinnen. Ich bereite mir Spezialburger mit Spiegelei und Streifen einer sauren

Gurke zu. Meine Gedanken schweifen nur in Richtung des neuen Projektes. Neues Jahr, neues Glück. Gaby ist im Team. Sie wird mir ein wertvoller Partner in Sachen kleinen Infos sein. Mit Leichtigkeit dirigiert sie die Handwerker und bringt ihre eigenen Ideen ein. Geplant ist eine gemütliche Außenanlage zum Relaxen mit viel Olivenbäumen und hohen duftenden Kräutern zwischen Loungemöbeln. Ich verstehen nicht viel von diesem »Kraut«. Ich beziehe auch meine neues Domizil und freue mich auf die Sprechstunde. Die Tür geht auf und obwohl noch keine frostigen Temperaturen herrschen, steht eine schicke Lady in einer Felljacke mit Hund vor mir. Unterm Arm jede Menge Fliesenmuster für ihren Korridor. »Gnädigste«, sage ich, »normalerweise bin ich für Ihre Sicherheitswünsche zuständig. Ich gebe es gerne an die entsprechenden Gewerke weiter.« Ich betrete Büro Nummer zwei, Gaby tritt kreidebleich ein. »Ich war zwei Stunden im Lift eingesperrt, die Elektrik war außer Betrieb.«

Wie aus dem Nichts kommt dieser verdammte Coronavirus, der das gesamte Leben um uns verändert. Videokonferenzen, Gesichtsmasken und Einschränkungen im gewohnten Reiseverkehr. Mich beschleicht ein komisches Gefühl, so eine Vorahnung, wie die Ruhe vor dem Sturm. Ich verstehe die Welt nicht mehr. Die altbekannte Sicherheit weicht einer gesunden Skepsis. Gaby kämpft sich tapfer durch das Labyrinth der Geschäftswelt. Bei einer Bestellung für unsere Außenanlage sind fünf Unternehmen involviert. Unendliche Auftragsnummern, Mails, Codes, verspätete Lieferungen. Das Chaos pur. Dann hüpft sie vor Freude über die Lieferung der Outdoormöbel und heult fast über die gleichzeitige automatisch ausgelöste Mahnung. Auch ich explodiere gleich. Ich tröste sie: »Wir werden die Situation gemeinsam meistern. Irgendwann zieht unsere gewohnte Ordnung wieder ein. Geh für heute nach Hause. Ich übernehme.« Sie dreht sich am Lift kurz um und ich sehe seit langer Zeit mal wieder so etwas Ähnliches wie ein Lächeln. Was für ein Gefühl!

Wir schreiten potätschelnd durch die Supermarktregale, mit Maske wohlgemerkt. Susi, du mein Zuckertäubchen. Früher trug ich nur meine eigene Verantwortung, heute trage ich unsere gemeinsamen Einkäufe. Und ich tue es gern. Es ist nicht leicht, die Vergangenheit zu vergessen, doch ich will es versuchen. Ich lege Susi einen Silberanhänger mit einem Halbedelstein aus Spessartin neben die Kaffeemaschine. Er glänzt wie Schokolade und symbolisiert den Begleiter in stürmischen Zeiten. Er wird ihr gefallen. »Ich komme. Liegst du schon im Bett?«, rufe ich durch den Korridor. Ihre Wohnung strahlt eine wunderbare, geschmackvolle Wärme aus. Am nächsten Morgen stellt sie mir ihren Sohn vor. »Das ist Kai.« Ich traue meinen Augen kaum. Der junge Mann aus dem Hotel und derselbe, dem ich mit Geld etwas unter die Arme griff. Das hat sich gelohnt. Kai blickt bittend in meine Richtung. Ich klopfe ihm fast väterlich auf die Schulter und sage: »Hallo Kai, schön dich kennenzulernen.« Dabei denke ich: »Susi wird es nie erfahren. Unser kleines Geheimnis ist bei mir gut aufgehoben.« Ihm fällt ein Stein vom Herzen. Ich kann es hören. Insgeheim freue ich mich, endlich einen Sohn wie ihn zu haben. Sag im Leben niemals nie! Danke, Bruno, du Genius.

Der Sturm

Er wirbelt alles durcheinander mit seiner gewaltigen Kraft und Geschwindigkeit, hinterfragt alles, was ist und war, macht alles neu und klar. Fegt alte Sichtweisen hinfort. Sturm heißt Veränderung, ist beinahe unsichtbar.

Zwei dicke Freunde zeigen, wie man gegen den Rest der Welt gewinnen kann, eine wunderbare Männerfreundschaft, die gegen alle Konventionen so manche Klippen umschifft.

Haltet einen Blick auf die Jugend, sie ist unsere Zukunft!

Zeit ist bekanntlich relativ. Doch ein einziger Moment im Glück kann sehr wertvoll sein und bleibt ein Leben lang im Herzen in Erinnerung zurück wie ein Bild, das du ständig vor Augen hast. Du stehst vor dem Tor, dem Tor vieler kleiner Erfolge. Wann schreitest du hindurch? Und wen lässt du teilhaben an deinem Glück? Plötzlich bist du wieder umgeben von einer Aura, einer Hülle voller Emotionen, die dich Tag für Tag begleitet.

Kapitel 4

Gelebte Momente

Simona

Simona kommt neu in die Stadt. Ihre Röcke schwingen im Wind wie ihr Haar. In der Mittagspause trifft sie an der Ampel einen großen, gut aussehenden Mann. Sie weiß nicht, wer er ist. Beide schreiten aneinander vorbei und beide drehen sich um. Es hat keine Bedeutung und doch bleibt dieser Moment in der Erinnerung haften. Nach vielen Jahren erkennen sie sich wieder. Es ist der Zufall, der beide in der Innenstadt zusammenführt. Sie trägt inzwischen Hosen statt Röcken.

Nur der Wind flüstert ihr zu: »Warte.« Sie geht die Straße zwei-, dreimal entlang. Auch er kommt ihr wieder entgegen, aber auf der anderen Straßenseite. Seitdem hat diese Mittagszeit, so ca. dreizehn Uhr, eine ganz besondere Magie. Simona ist nicht mehr glücklich und erwägt, sich von ihrem Partner zu trennen. Ihr ist alles egal. Sie fühlt sich allein. Nichts ergibt mehr einen Sinn, nur die Suche nach einem Lächeln von ihm, den sie nicht beim Namen kennt. Er ist bis heute in ihren Gedanken täglich präsent. Doch Menschen verändern sich. Sie ist sehr krank, doch der Job und der innere positive Antrieb, ihn zu sehen, lassen sie durchhalten. Von nun an teilen beide ihre nonverbalen seelenverwandten Momente miteinander. Simona ist mutig und wartet viele Stunden, um ihn zu beobachten. Sechs Stunden wartet sie am alten Bahndamm, nur um zu sehen, dass er mit seiner Frau und seiner Tochter vorüberfährt. Um diese sechs Stunden dreht sich die Lektion, die er über viele Jahre auf ganz spezielle Weise lebt und ihr erteilt. Momente des Alltages. Sie findet ihn stets unverhofft an den Plätzen des Alltages: im Supermarkt an der Kasse, auf der Saunaliege, Schnürsenkel bindend auf der Joggerpiste, tänzelnd auf dem Korridor. Beide immer mit einem glücklichen Lächeln, sie mit überraschter Mimik.

Das liebt er. Wie hoch wird es wohl inzwischen sein, sein Zeitkonto von sechs Stunden minus schöne Momente? Es währt hoffentlich noch ein paar Jahre länger. Sie ist inzwischen wieder glücklich verliebt, doch diese mentale Verbindung ist so wunderschön, dass sie sie niemals mehr missen möchte.

Eine sanfte Sommernacht

Lehn dich an eine starke Schulter in einer zarten Sommernacht. Hör die Zikaden, sieh die Lichter, höre die Stille. Genieße jeden Augenblick, der flüsternd will dir sagen, wie wohl und sicher du dich gerade wähnst.

Frivole Stimmung im Gebüsch

So wie die Zweige sich wiegen, gib dich hin, gleich der Geschmeidigkeit der Weiden. Küss den Moment, küsse das Glück, das dir bestimmt. Öffne deiner Blusen Knospen, stürme zum Himmel hin. Lass dich treiben von dem Augenblick und dem hitzigen Moment des Glücks.

Dates zum Verlieben

Ich habe lange nicht mehr geflirtet. An einem normalen Tag in der Mittagspause verlange ich eine Graupensuppe. Ich spüre einen leichten Wind um meine Körperlinie wie ein Tanz ohne Berührung mit einem mir bekannten Kollegen. Im nüchternen Ambiente einer Metzgerei hat er »Maß genommen« am Valentinstag. Meine »body shape« sagt: »Iss ihn nicht, diesen Kartoffelsalat«, obwohl ich mächtig danach lechze. Wir wünschten uns ein schönes Wochenende und anstelle einer Rose von ihm kreierte ich mir in Gedanken eine Schinkenrose. Makaber. Der Typ gleicht einem heißen Italiener. Dazu erfolgreich, intelligent und sexy. Ach! Danach folgen mehrere Begegnungen in der Mittagspause, verbal. Dann suchen sich unsere Blicke auf der Mitarbeiterveranstaltung. Er tanzt neben mir, ohne mich wirklich aufgefordert zu haben. Ich genieße seine Nähe, doch dann: Die schicke Kollegin, das »Biest« mit tiefem Dekolleté, sie tanzt ihn an. Ehe er sich umsieht, bin ich verschwunden. Männer! Ich setze ihn bei unserer nächsten Begegnung mit einem vernichtenden Lächeln schachmatt. Beim nächsten Mal fragt er völlig unverblümt, ob wir mal zusammen in die Sauna gehen. In meinen Gedanken wirbelt ein Sturm. Ich gehe in Millisekunden meine körperlichen Merkmale durch – roter Nagellack auf den Zehen, okay, enthaarte Intimzone, okay – und antworte: »Sehr gern.« Es sei dazu bemerkt, ich bin momentan in festen Händen, also liiert. Verbotene Früchte schmecken besonders gut.

»Only baden«, beruhige ich meine Seele. Ich gehe am nächsten Morgen wie immer aus dem Hause zur Arbeit. Vor dem Arbeitsgelände steht er bereits mit seinem Mietwagen, Sie wissen schon, diese HH-Nummer. Ich steige ein und sage: »Hallo, habe alles dabei: mich, nackt. Mehr brauchen wir doch heute nicht, oder?« Er schmunzelt. Richtig.

»Weißt du«, entgegnet er, »immer nur funktionieren zu müssen, die Kinder sind momentan etwas eigenwillig, irgendwie kommen meine Fantasien dabei zu kurz. Lass uns sehen, ob wir einen schönen Tag haben. Und bitte schäme dich nicht, ich weiß, wie eine Frau in dem Alter aussieht.«

Sein Fahrstil ist flott und sicher. Ich lehne mich zurück. In der Therme sitzen wir auf der Dachterrasse und sonnen uns. Er hat zwei Sekt bestellt, dann lässt es sich leichter reden. Während ich nach der Sauna meine Runden im kalten Wasser drehe, schaut er mir zu. Wir genießen den Tag noch mit Waffeln an heißen Kirschen. Mein Plan war: nie etwas mit einem Kollegen anfangen. »Nur baden!«, ermahne ich mich immer wieder. Verdammt, er gefällt mir. Auch ich bekomme langsam diverse Fantasien. Luis ist ein galanter Gentleman. Ein wundervoller Tag geht zu Ende. Ich gehe zum pünktlichen Feierabend wie immer nach Hause. In dieser Nacht mache ich kein Auge zu. Wollen wir mehr? »Nur baden!«

Der Liebstöckel

Anthologie Gartengeschichten

Es ist Herbst, der Liebstöckel steht meterhoch und vertrocknet im Garten. Oft helfe ich, Anna, meinem Vater im Garten. Als ich den Liebstöckel abschneide, sehe ich seinen entrüsteten Blick, den ich nicht deuten kann.

Meinen Vater, Johann, kennt man nur im blauen Overall. Alle Leute mögen seinen Humor, den er versprüht. Seine Sprüche sind legendär.

»Der Esel geht so lange gebückt, wie er beladen ist.«

Johann hat immer etwas zu tun. Auf seinem Weg zum Garten schlendert er an den alten Garagen und am Feldweg entlang, zupft im Frühling die Spitzen von den jungen Brennnesseln für einen frischen Tee im Garten. Die Leute schmunzeln über seine gesunde Lebenseinstellung. Sie nennen ihn Bio-Johann. Ich sitze auf der Wiese an meinem Leseplatz und der Duft vom frischen Liebstöckel macht einen atemberaubenden Appetit auf eine Hühnersuppe mit frischen Blättern vom Liebstöckel. Johann schließt die Augen und erzählt von Mutter, die die allerbeste Hühnersuppe gekocht hat. Endlich begreife ich, wie sehr er an diesem Strauch hängt, ich hätte ihn nicht abschneiden dürfen. Ab und zu, genau wie in diesem Moment, läuft seine alte Sandkastenliebe Merle lächelnd am Gartenweg entlang. Sie sagt nie etwas. Beide schauen sich an. Er schaut ihr nach, bis sie hinter den alten Apfelbäumen verschwindet. Es sind ihre Apfelbäume. Jedes Jahr bringt sie ein paar Eimer Äpfel zum Eselhof. Vater amüsiert das sehr.

Der nächste Frühling ist erwacht. Johann schaut täglich nach seinen Sprösslingen, doch der Liebstöckel will dieses Jahr nicht sprießen. Es ist das Jahr, in dem seine Lieblingspflanze eingegangen ist. Genau wie endlich seine Traurigkeit. Ich bringe frische Erdbeertorte im Garten vorbei und traue meinen Augen kaum. Kaffeeduft streift bereits meine Nase. Als ich nähertrete, stellt mir Vater seine Sandkastenliebe Merle vor. Diesmal trägt er saloppe Jeans und ein türkises Polohemd. Schick. Auf meinem Rückweg höre ich noch ihre leisen Stimmen im Wind.

»Es ist der Kräuterwind in deinem Haar, die Sonne spiegelt sich wunderbar. Deine leisen Töne, die du nie sprichst, ich habe sie gehört.«

Kulturvolle Begegnungen

Wer ist der Mann für einen Tanz am Silvesterabend? Wir haben beide mal wieder Lust auf die Öffentlichkeit und ein gutes Büfett, Leute und Musik. Das Motto lautet »Maskenball«. Mein Partner sitzt mit mir an einem Tisch für sechs Personen. Wir halten Small Talk mit unseren Tischnachbarn und tanzen. Meine Augen erspähen »ihn« sofort. Mr. Sonnenschein. Als der Song »Broken Strings« von James Morrison und Nelly Furtado erklingt, liege ich in seinen Armen und schmiege mich an den Mann. Es fühlt sich gut an. Er kann tatsächlich tanzen.

Nach dem Titel verschwindet der geheimnisvolle Tänzer und mein Partner fragt: »Wer war dein Tanzpartner?«

Ich entgegne ihm: »Der Gemüseverkäufer ist es nicht und auch nicht unser Nachbar. Es ist der Mann für einen Tanz. Ich kenne ihn nicht.«

Tanzen ist ein Lebensgefühl. In all unseren Urlauben in Portugal erleben wir den Tango in kleinen Kneipen in engen Gassen mit vertanzter Traurigkeit und im Rhythmus verschmelzenden, verschlungenen Silhouetten, die Füße im Tanzbereich des Partners. Gelebte südliche Leidenschaft, stolze Blicke, vornehme Kulisse, Eleganz in edlen Stoffen und mit hohen Absätzen.

Urlaubskomik – einen Kaffee, bitte sehr

Endlich mal wieder Urlaub. Nach stundenlangen Umwegen mit der Bahn erreichen wir nachts den Airport. Es ist ruhig. Wir erkennen die stylischen Veränderungen der »Snack Points«, großzügig und im amerikanischen Stil. Am Gate steht das obskure Objekt zum Schmunzeln, der Kaffeeautomat. Selbstbedienung!

Wir sitzen – ohne Eintritt wohlgemerkt – in der ersten Reihe, leicht müde, aber um diese Uhrzeit ohne Appetit auf eine Tasse Kaffee. Ich kuschele mich an meinen Partner, bin dann aber hellwach. Kandidat Nummer eins bemüht sich um eine Kaffeekapsel, die nur bargeldlos mit Kreditkarte zu erwerben ist, um damit an den begehrten Automaten zu gelangen. Er scheitert. Inzwischen stehen ein paar Leute in der Reihe und wundern sich, warum es nicht weitergeht. Mehrere Becher bleiben leer. Es ist zum Heulen, doch wir schmunzeln, denn Kandidat Nummer eins versucht ein weiteres Mal sein Glück mit seiner Kontokarte. Er ist langsam genervt.

Dann kitzelt plötzlich Kaffeeduft meine Nase. Oh, »Mr. Siegessicher« läuft mondän mit einem Kaffeebecher an uns vorüber. Er hat offensichtlich die richtige Karte oder Insiderinformationen. Kandidat Nummer eins versucht nun zum dritten Mal sein Glück und stampft gegen die Wand. Diesmal mit einem Kaffee in der Hand von »Mr. Siegessicher«. Auch das ist Liebe, Nächstenliebe.

Samantha und der Grafiker

Samantha kommt zurück von ihrer Reise in den Orient, im schönen Frühling. Die Magnolien öffnen zeitig ihre Knospen, doch der Nachtfrost lässt die Blüten braun und welk im Wind wehen. Nicht nur dieser Anblick, sondern leere Straßen erwarten Samantha bei der Heimkehr in ihre Heimatstadt Wien. Ihr kleiner Blumenladen ist ebenfalls geschlossen. Groteske Situationen in Zeiten des Coronavirus. Besondere Umstände erfordern besondere Maßnahmen, so sagt man. Sie hat einen der letzten Flüge gebucht und den Urlaub eher abgebrochen. Die Informationen der Presse sind grausame Realität. Menschen mit Atemmasken und Gummihandschuhen in den Supermärkten bieten ein ungewohntes Bild. Ihre Inspirationen aus dem schönen Urlaub ändert sie in eine kleine Berichterstattung über die momentanen Geschehnisse. Doch dann verwirft sie diese wieder. Ein Bildband über das Leben im Orient soll es werden. Sie hat jetzt jede Menge Zeit. Sie kennt einen Grafiker, der ein paar Hausnummern weiter wohnt, schräg gegenüber. Sie kann auf seinen Balkon sehen. Sie ruft ihn an. Es ist ein langes Telefonat und er übernimmt den Auftrag, ihre Bilder in Cover und Szene zu setzen. Es folgen endlose E-Mails. Abends tanzt Samantha bei Licht. Sie tanzt schon immer gern, gekleidet in traditionelle orientalische Gewänder. Ob er sie sehen kann? Mitten in der Erstellung des lukrativen Auftrages schaut er sich ihre Bilder genauer an. Oft erkennt man an den Bildern einen Menschen. Er spürt ihre pure Lebenslust, ihre Affinität zu den Farben. Sie ist an kulturellen Orten präsent. Er verspürt Lust, sie kennenzulernen. Doch wie geht das mit Corona? Normalität wird irgendwann wieder einziehen. Er schreibt eine E-Mail und wünscht ihr eine gute Nacht. Am nächsten Morgen hängt eine Tüte frische Brötchen an ihrer Tür mit einem blauen Zettel, auf dem steht: »Lebe mit mir deinen Traum vom Glück. Ich werde warten. Lass uns gemeinsam tanzen und zeige mir die Orte, an denen deine wunderschönen Bilder entstanden sind. Dein Grafiker.«

Corona-Blues

Deprimiert fröne ich der Mitleidstour auf meiner Couch mit null Antrieb. Es fehlt eindeutig Sonne. Als Trost dient eine Tüte Chips. Meine Mutter fragt am Telefon: »Kind, hast du auch genug Vitamine?«

Ich entgegne: »Klar, habe ich. Es ist Paprikapulver drin.«

Endlich kichern wir. Ich bin froh, dass ich sie noch habe.

In Zeiten von Corona – schlimmer geht es momentan nicht mehr. 2020, das Jahr, in dem es keine Schnecken mehr gibt. Uns beschäftigen Zwänge, Verbote und die verdammte Einsamkeit, für die wir nicht gemacht sind. Die sozialen Distanzen wirken sich wie Rädchen im Uhrwerk auf alle Bereiche aus.

Zeit zum Weinen? Bei den Poeten glühen die Federn. Ich vergleiche es mit der Ruhe vor dem Sturm, die nicht greifbar ist. Existenzen stehen auf dem Spiel wie lange nicht mehr. Alles ist anders. Ich brauche eine Kur, eine Kur der Sinne.

Damals vor dem Krieg und den Erzählungen meiner Oma haben sich Lebensdramen abgespielt. Dramen um das Thema Beziehung.

Auch solche Momente im Leben muss es geben. Wenn wir an einem Punkt angekommen sind, an dem wir plötzlich alles infrage stellen. Es ist ein Augenblick, ein ganz normaler Tag, an dem wir alles anders machen möchten. Verzweiflung und Kompromisse waren gestern. Wir nehmen uns Zeit für uns selbst. Lassen los. Die vier Kinder stehen auf eigenen Füßen. Den Ehemann, der glaubt, er müsse seine Hormone noch mal bei einer jüngeren Frau testen, den wollen wir nicht mehr. Mit Stolz blicken wir auf Erreichtes zurück. Ja, wir haben noch Träume, doch dabei muss es nicht bleiben. Mit unseren Lebenserfahrungen können wir unsere Träume leben lassen. Ideen sind reichlich vorhanden. »Romantik« ist das Zauberwort ab einem gewissen Alter. Wir schließen die Augen und hören, wie die Zikaden singen mitten im Sommerwind, wir treffen uns heimlich ohne schlechtes Gewissen, in Gedanken nur, mit unserem jüngeren Date um fünf Uhr an der Treppe, sitzen in Gedanken mit einem Glas Sekt auf dem Riesenrad.

Und eines Tages, wenn die Nachbarn tuscheln, da ein männliches Bein am Gartenzaun erspäht wurde, stehen wir drüber!

Ein Neuanfang ist wie ein Lichtblick voller Hoffnung und Energie. Oder wie man sagt: Auf neuen Wegen zu stolpern, ist immer besser, als auf alten Wegen stehen zu bleiben. Ich starte ein Frühstückscatering gemeinsam mit meiner besten Freundin.

Immer wenn es mir schlecht geht oder ich nicht weiterweiß, beginne ich zu reimen.

»Und du fragst mich, lass uns noch einmal prassen, noch einmal lieben und stundenlang zärtlich sein.«

Deine ausdauernde Liebeswerbung habe ich sehr wohl bemerkt, immer ignoriert. Doch ich bin bereit, dir zu folgen. Lass uns verbotene Dinge tun. Zaghaft nimmst du mich bei der Hand. Wir betreten die Hintertür der kleinen Pension. Der Zimmerschlüssel steckt. Du kennst eine Angestellte. Erwachsen und doch zitternd stehen wir an der Tür.

Eine Liebe im Rückspiegel

Literaturwettbewerb der Zeitschrift Federwelt, CH

Ich schaue in den Spiegel – lateinisch »speculum«. Klingt wie Speck, doch ich sehe nur mein Gesicht. Mein dunkles Haar glänzt, ich habe blaue Augen und es zeichnen sich bereits winzige Fältchen um die Augen ab, die sich in feinen Linien lächelnd winden. Natürlich ist eine Frau nie zufrieden mit ihrem Outfit. Ich heiße Leonie, bin fünfunddreißig Jahre und Taxifahrerin mit Leidenschaft. Ich bin gespannt, was der Tag heute bringt. In dieser Branche habe ich bereits alles erlebt. Die Emotionen sollten ausgeschaltet sein bei dieser Dienstleistung, aber meine Gedanken kann niemand erraten. Oft liege ich abends wach und lasse den Tag Revue passieren. Heute transportiere ich eine Dame, die hektisch zwischen Taschentüchern und Handyladekabel ihr Geld sucht und endlich findet. Ich fahre Menschen mit kranken Beinen, pendle zu Flughäfen und erlebe die schönsten Geschichten von bestandenen Prüfungen, erlebe Heiratsanträge. Für solche Momente klappe ich mein Geheimfach auf der Rücksitzbank ab und präsentiere ein Piccolöchen.

Heute ist ein wunderschöner Tag im Spätsommer und mein freies Wochenende steht vor der Tür. Die Sonne steht schon sehr tief und blendet. Die Bäume rasen wie Lamellen an meinen Augen vorbei und hinten sitzt ein Fahrgast, der nur seine Arbeit und Telefonate im Kopf hat. Es ist eine Kunst im Leben, seine eigene Balance zwischen Arbeit und Chillen zu finden. Endlich ist etwas Zeit für einen Kaffee, den ich sehr genieße. In Limburg steigt ein junger Mann ein und wirft mir schroff einen Satz hin: »Einmal Pyrenäen, zum Mond und dann nach Honolulu, bitte!«

Oh, oh, das sitzt wohl etwas tiefer. Ich halte mich zurück und antworte nur: »Wird gemacht, ich hoffe, Sie haben den entsprechenden Geldbeutel dabei.«

Die weitere Stille wird durch den Funk unterbrochen. »Leo 3, bitte kommen. Avisiere für Montag zehn Uhr einen Spezialauftrag. Weitere Anweisungen folgen per Mail, wünsche schönes Wochenende.«

Ich sehe, wie der Kerl mich im Rückspiegel beobachtet. Der sieht gut aus und kriegt sich gerade wieder ein.

»Hey, ich war wohl etwas unhöflich vorhin. Ich habe gerade meinen Job verloren. Outsourcing, Sie verstehen.«

Ich nicke nur und biege in Richtung Baggersee ab. In Gedanken befinde ich mich bereits im Wochenende.

»Da sind wir.«

Wir steigen aus. Der Parkplatz ist zum Glück nicht überfüllt. Ich nehme eine Decke und meine eiserne Reserve an Weintrauben mit. Irgendwie komisch, so ein fremder Mann an meiner Seite.

»Gut gewählt«, höre ich ihn sagen. Dann läuft alles wie von allein. Er heißt Uli. Wir positionieren uns unter einem Baum im Halbschatten.

»Hier kann man nackig baden«, entgegne ich ihm. Genau das tun wir auch, ganz ungeniert. Das Wasser ist eisig und tief. Eine Wohltat nach diesem Tag. Wir liegen auf der Decke und essen Trauben, dann kitzelt er mich mit einem Grashalm an der Nase und sagt: »Lady, hier ist es wie am Luganer See. Dort war ich im vorigen Jahr im Kurzurlaub. Ein Genussort der besonderen Art mit viel Käse und Rotwein.«

Ich habe noch die Augen geschlossen und denke: »Hm, könnte mir gefallen. Eine Romanze mal anders mit Fahrgast. Leonie, ein absolutes No-Go, aber schön.« Er ist mir so vertraut und wir küssen. »Nach diesem schönen Nachmittag hast du hoffentlich nichts dagegen, wenn ich dich dort absetze, wo du eingestiegen bist.«

»Klar, was bin ich dir schuldig?«

»Diese Tour ist gratis. Baden ist doch Freizeit.« Ich gebe ihm meine private Handynummer.

Ich verbringe das einsamste Wochenende meines Lebens. Er hat sicher seine neue Situation zu verkraften. Er fehlt mir. Ich lenke mich ab mit Putzen und gehe laufen. Zu Hause ertappe ich mich ständig dabei, auf das Handy zu schauen. Stattdessen eine Mail der Einsatzleitung mit den letzten Anweisungen. Ich stehe pünktlich am Montagmorgen zehn Uhr in perfekt sportlich-elegantem Style am Frankfurter Airport. Eine leicht gehbehinderte Lady im Rentenalter mit Kurzhaarfrisur steigt aus. Wir begrüßen uns kurz, dann verstaue ich ihre rehbraune Ledertasche im Kofferraum.

Sie sagt: »Ich hoffe, es stört Sie nicht, dass ich noch mal meine Rede durchgehe. Ich bin zu einem Ärztekongress nach Mainz eingeladen. Dort halte ich einen Vortrag über Bewegungsprävention im Alltag. Ich war selbst viele Jahre in einem großen Büro tätig, wo man täglich acht

Stunden wie angeklebt auf dem Stuhl sitzen muss.« Sehr interessant, was ich alles erfahre über die Darmträgheit, Sitzalternativen, Pausenbewegung und Auswirkungen im Zusammenhang mit gesunder Ernährung. Man sollte darüber nachdenken, sich zwischendurch mehr zu bewegen. Wir fahren in Richtung Mainz am Rhein entlang und steigen kurz aus, um uns die Beine zu vertreten und etwas Wasser zu trinken. Unser Blick schweift über das Flussufer. Ich setze die Dame an der Uniklinik ab, überreiche ihr meine Visitenkarte für die Rückfahrt und wünsche ihr viel Erfolg bei ihrem Vortrag. Währenddessen nehme ich kleine Fahrten innerhalb der City an und bringe die Dame anschließend wieder zum Flughafen zurück. Von dort fliegt sie weiter nach Spanien. Nach all den Arbeitsjahren verbringt sie dort ihren Lebensabend. Sie ist mir sehr ans Herz gewachsen in diesen wenigen Stunden. Zu meiner Verblüffung gibt sie mir ihre Telefonnummer.

»Man sieht sich im Leben immer zweimal oder mehr.«

Ich schätze mal, das war nicht ihr letzter Vortrag über das Thema. Ich winke ihr nach.

Zum Feierabend gehe ich ein paar Kilometer walken und bereite mir eine große Schüssel Tomatensalat mit Käse zu. »Ob er anruft?«, kreisen meine Gedanken, dann schlafe ich ein. Die Arbeitswoche verläuft normal wie immer. Ich funktioniere ohne große Emotionen. Es ist Mittwoch. Ich bin in der Gegend um Limburg und den Westerwald unterwegs. Plötzlich klingelt mein privates Handy.

»Hey, Uli hier. Ich habe es kaum ausgehalten, muss dich sehen.« Mein Herz hüpft vor Freude. Wir vereinbaren einen Termin für freitags. Das scheint unser Glückstag zu sein. Er steht mit Blumen am vereinbarten Treffpunkt. Freudestrahlend eile ich ihm entgegen. Seinen Job kann er behalten. Durch Überzeugung dank seiner Qualitäten übernimmt er die Leitung im neuen Unternehmen. Super. Nun steht einem entspannten Feierabend nichts mehr im Weg. Ich genieße das freie Wochenende, mein kleines Privileg als weibliche Taxifahrerin. Ich schlage die Augen in einer fremden Umgebung auf und meine Nase kitzelt der Duft vom Kaffee. Wir stehen am Fenster und sein Haar glänzt in der Morgensonne. Ich setze mich an den kleinen gedeckten Tisch in der verglasten Veranda. Es gibt Speck mit Eiern und Obst. Sein Sittich im Käfig scheint bei guter Laune. »Guten Morgen, heute kommt Leo 3, sei freundlich zu ihr.« Er plärrt sein gesamtes Repertoire herunter. Herrlich! Wir sind bei ihm und er sagt: »Guten Morgen, Leo 3, ich glaube, ich liebe dich.«

Tausend Monde laufe ich hüllenlos an dir vorbei. Du enthüllst ehrlich und gnadenlos alle Tatsachen der Verblendung. Nackt im Schein der Laternen, die schimmernd durch die Spitzen der Tannen blitzen.

Emma und die Kraniche

Literaturmagazin »Schreib Was«, April 2023

In einem kleinen Ort im Norden Deutschlands wohnt ein Mädchen namens Emma. Sie ist ein sehr ruhiges Kind und wächst bei ihren Zieheltern auf. Sie weiß, dass sie etwas anders aussieht als die anderen Kinder. Ihre Haare sind rabenschwarz und ihre Augen schmal und mandelförmig. Ihre Mutter stammt aus Malaysia und ist nach der Geburt von Emma in ihre Heimat zurückgezogen.

Täglich spielt Emma in der Natur. Im März, wenn die Kraniche aus dem Süden zurückkehren, beobachtet sie fasziniert ihren majestätischen Tanz. Symbolisch stehen diese Tiere für Wachsamkeit. Sie sind Vögel des Glücks.

Emma beobachtet den graziösen Tanz der Kraniche, wie sie elegant ihre Hälse recken, sich stolz dem Partner entgegendrehen. Sie blickt dabei zum Himmel. Immer mehr Vögel lassen sich in der Nähe der kleinen Kapelle nieder, ein heiliger Ort. Kraniche sind ein Leben lang mit ihrem Partner unzertrennlich. Emma tanzt unbeobachtet und vergisst dabei die Zeit. Wenn sie groß ist, will sie unbedingt so graziös tanzen wie diese Vögel. Jeden Mittag nach der Schule läuft Emma hinab zum Bootssteg, dort wo sich das Schilfrohr zwischen den duftenden Seerosen wiegt und zu ihrem Tanze leise singt. Sie bewegt sich wie ein Kranich. Eines Tages meldet sie ihre Adoptivmutter bei einer Tanzschule an. Das Konzept ist eine Mischung aus Ballettelementen und klassischem Tanz. Emma ist sehr begabt. Inzwischen möchte sie gern wissen, wie es ihrer richtigen Mutter geht. Sie wäre stolz, Emma so tanzen zu sehen.

Viele Jahre sind vergangen. Es ist Frühling. Emma läuft zum Ufer und schaut in die Ferne zum Himmel auf; der Blick zum Himmel, der Freude verheißt. Die Birken lassen bereits das zarte Grün erahnen. Die Kraniche kommen wieder zurück. Das laute, unverwechselbare Krähen ist von Weitem zu hören.

Mit den Kranichen ziehen, sehnsuchtsvoll in die Fremde. Ins Abenteuer, unbekannte Welten erleben im Flug der Zeit. Ströme, höher, weiter, schneller, laut. Auf Schwingen, die die Welt bedeuten, lass ich mich treiben, gleite dahin. Dorthin, wo ich in meinen Träumen tanze, wo das Korn wächst, Ursprung allen Treibens zwischen alten, längst vergangenen Kulturen. Staunend bleibe ich stehen, spüre Raum und Zeit, Schritt für Schritt, langsam. Am Himmel ziehen die Kraniche in Formation, alle gemeinsam mit einem Ziel, zum Überleben und wieder zurück. Kraniche landen gegen den Wind.

Heute ist Emmas Auftritt. Sie schwebt zur Musik über das Parkett, ihr Kleid glänzt so blau wie das Gefieder der Kraniche. Ganz hinten im Publikum sitzt ihre Mutter. Sie ist mit den Kranichen aus dem Winterquartier zurückgekehrt.

Drachen gegen den Wind

»Der wahrhaft Edle predigt nicht, was er tut, bevor er nicht getan hat, was er predigt.« *Konfuzius, chinesischer Philosoph*

An jenem Tag als Sylvie anruft, verändert sich die Welt um uns herum, unangekündigt, gnadenlos, endgültig. Nichts ist im Leben so endgültig wie der Mensch, der plötzlich nicht mehr da ist. In diesen emotionalen Momenten fehlen die Worte. Starr sitze ich im Sessel, habe eine Kerze angezündet und halte in Gedanken die erste Totenwache. Meine Gedanken spazieren zurück zu den Erinnerungen zwischen Körper und Geist.

Gestatten, Christa. Ich bin die Freundin von Sylvie, dunkelhaarig mit vollen Lippen und blauen Augen. Man nennt mich auch den kalten Engel. Aber das wirkt nur äußerlich so. Wer mich kennt, weiß, in mir wohnt eine Seele mit sehr viel Herz. Gefühle zeige ich nicht nach außen. Mein Job ist telefonische Beratung in der Kosmetikbranche. Ich kann fast von jedem Standort aus arbeiten. Ich verbringe für mein Leben gern Zeit in guter Gesellschaft.

Sylvie war sehr glücklich mit Tom. Die beiden lernten sich zu ihrem dreißigsten Geburtstag in unserem ersten gemeinsamen Griechenlandurlaub kennen. Darauf folgten glückliche Jahre und ein paar gemeinsame Urlaube zu dritt.

Sylvie ist etwas größer als ich, hat rotblondes Haar und ein Karma, das Eisberge schmelzen lässt, wenn sie lächelt. Ihre Kleidung ist salopp-elegant. Sie ist Vegetarierin und erfreut sich jedes gesunden Kräutchens. Oft besuche ich sie in ihrem Atelier in einer kleinen romantischen Gasse unserer Kleinstadt in der Pfalz, dort schöpft sie ihre Inspirationen zwischen den Weinbergen. Sie malt und stellt in großen Hotels in Restauranträumen aus. Zwischen unseren Unterhaltungen beim Frühstück erlauschen wir so manche Meinung von Gästen über die Kunststücke und kommen hautnah mit Interessenten ins Gespräch. Meine Meinung zu den Preisen der Objekte hält sich allerdings als Nichtfachmann in Grenzen des objektiven Verständnisses. Oft begleite ich Sylvie auf ihren Geschäftsreisen.

Privat lieben wir Urlaube in Griechenland. Wenn abends die Sonne ins Meer taucht und Farben hervorbringt, die wie Edelsteine mystische Tiefe erzeugen. Das Land ist einzigartig mit seinen Olivenhainen und Artefakten am Meer, die an antike Geschichten erinnern. Wenn Sylvie wie eine Retterin der Schildkröten mit ihren Kleidern im Wasser steht und dabei glücklich lacht, fotografiere ich sie heimlich. Die griechische Musik klingt einzigartig, als wenn man endlos Zeit hätte. Der gegrillte Oktopus legt einen Duft in die weißen Gassen, der Appetit auf ein Glas gekühlten Weißwein macht. Genau so ist Griechenland.

Seine Heimat beschrieb bereits der Literaturnobelpreisträger und Dichter Giorgos Seferis umfassend. Ihn faszinierten die untergegangenen Kulturen als »Schicksal der Steine«.

Wir lernten Achaeus – griechischer Junge – in einem chinesischen Lokal auf Korfu kennen. Auf dem Weg zum Meer entlang einer kleinen, um nicht zu sagen winzigen

Terrasse an den Treppen, die zu einem einsamen Strand hinunterführten, saß Achaeus in seiner Mittagspause. Sein Lokal befand sich gegenüber der Straße. Zunächst unterhielten wir uns über die schöne Insel mit ihrem Berg Pantokrator, über den Urlaubsort und darüber, wie er als Chinese nach Griechenland gekommen war. Natürlich durch seine Liebe Marina, die wie ich aus der Nähe von Mainz stammte. Die Welt ist ein Dorf. Auf Reisen knüpft man die meisten Kontakte in entspannter Kulisse. Am nächsten Abend reservierten wir einen Tisch im Chinalokal »Perle von Schanghai«, das er mit seiner deutschen Frau führte. Von außen betrachtet wirkte das Lokal eher griechisch als chinesisch. Eine große Treppe, umsäumt von weißem Oleander und Basilikum, führte hinauf zu einer offenen Tür. Direkt dahinter empfing uns ein Drache geschnitzt aus einem Stück grüner Jade. Mit den Speisen servierte uns Achaeus chinesische Weisheiten gratis, die sehr interessant für uns erschienen. Wir bestellten Sushi Braseado Peixe Picado und Sushi Misto. Zwischen den Gängen labten wir uns an den warmen feuchten Tüchern und einem Bambusschnäpschen. Zum Schluss gab uns Achaeus seine Visitenkarte. Sylvie zückte ebenfalls die ihre. Dieser Tausch wäre in China ein Zeichen der absoluten Höflichkeit bei der Begrüßung. Die erste Hürde hatten wir bestanden.

Die kleine Badebucht erwies sich am nächsten Vormittag als der ultimative Geheimtipp. Das türkisfarbene Meer war heute ruhig und klar und gestattete einen Blick bis gegenüber nach Albanien. Eukalyptusbäume spendeten Schatten. Gegenüber hatte ein Boot geankert, das auf den leisen Wellen schaukelte und nach ein paar Minuten die nächsten Badegäste via Kopfsprung freigab.

Wir trafen uns mit Marina und Sylvie öffnete sich. Sie erzählte unter Tränen, die sie zurückzuhalten versuchte.

»Es geschah am heißesten Tag des Jahres in den Nachmittagsstunden. Tom war mit seinen Kumpels unterwegs, als er beim Volleyballspiel den Ball vom nahen Hügel holen wollte und abstürzte. Wie gelähmt stand ich am Krankenwagen. Im internen Gespräch musste ich in dieser Situation schnell reagieren und entschied mich, Soforthilfe zu leisten. Eine Prostata wurde dringend benötigt und Tom war bereits hirntot. Die Welt und die Bäume kreisten um mich, genau wie der Hubschrauber, der oben am Rondell mit der großen Trauerweide rotierte.«

Von nun an fort

Von nun an fort, werde ich stark sein für dich, werde all die Gemeinsamkeiten missen. Der Himmel ist nicht mehr so blau. Die Glocken läuten heute nur für dich. Von hier und zurück für immer.

Marina war sehr berührt. »Die Geschichte soll unser Date aber nicht trüben, versprochen.« Es folgten vier Wochen mit Regen. Der Himmel weinte mit uns.

Achaeus dirigierte mit seiner Frau die Vorbereitung für die Vorspeisen. Ich winkte von unten. Er schritt die Treppe herab und sagte: »In China winkt man nicht, sondern man wünscht dem Gegenüber Glück oder Gesundheit. Diese Gesten sind wichtige Bestandteile der Kultur. Das erkläre ich euch morgen. Ihr seid herzlich zu uns privat eingeladen. Sagen wir um achtzehn Uhr.«

Diese Einladung nahmen wir spontan an und fuhren nach Korfu-Stadt, um noch einige Besorgungen zu machen. Sylvie hatte die Idee für ein geschmackvolles Blumenarrangement, das wir als Geschenk mitnehmen wollten. Bei einer Tasse Kaffee direkt an der Straße mit Blick aufs Meer alberten wir noch ein bisschen herum, wie wir morgen rückwärts mit gebeugtem Knicks durch die Tür eintreten würden, und beobachteten wie immer die Leute.

Marina und Achaeus standen oben auf der Dachterrasse über dem Chinalokal in schickem Outfit in Chinaseide, aber nicht traditionell gekleidet, und empfingen uns herzlich mit zusammengefalteten Händen, leicht gebeugt. Dasselbe taten wir auch. Unsere Blumen waren genau das richtige Mitbringsel. Achaeus ist etwas größer als Marina, hat schwarzes Haar und die typischen schmalen Augen. Durch seinen kleinen Schnauzbart, der nach oben gebogen ist, wirkt er noch freundlicher, als Chinesen sind. Die beiden sind immer noch verliebt wie am ersten Tag.

»Ich hoffe, ihr empfindet den Abend nicht als Lehrstunde«, sagte Achaeus.

Marina hatte griechisch gekocht. Beim frischen Obstteller angelangt, packten wir unsere Gefühle aus. Die beiden gestanden, dass sie sich schon lange Kinder wünschten, doch dass dieser Wunsch ihnen verwehrt bleibe. Näher fragten wir nicht nach. Sylvie warf ihre rötlichen Locken nach hinten in den Nacken und erwähnte, dass es ein Segen sei, unter dieser Sonne in griechischer Kulisse zu arbeiten, und dass sie die beiden darum beneide. Sie erzählte von ihren Projekten. Die Insel könne sie wunderbar inspirieren. Zu Hause male sie als Motive Weinberge und lauschige kleine Gassen. Bei jeder Reise packe sie viele Erinnerungen und Ideen für Bilder ein. Sylvie besitzt die Gabe zu verbalen Ablenkungsmanövern in peinlichen Situationen.

Achaeus bestätigte, dass er die Ruhe der Insel trotz der Arbeit im Restaurant genießen könne wie im »Tempel der Stille in der verbotenen Stadt«. Er berichtete: »Ich komme aus einer Region in China, dort stehen chinesische Tulou, diese muss man sich wie große Rondelle mit mehreren Etagen vorstellen, Tür an Tür zwischen getrockneter Wäsche und geschäftigem Treiben mit allen Gerüchen und Geräuschen.«

Wir staunten und verstanden. Es wurde langsam dunkel. Von der Terrasse aus, auf der ein lauer Abendwind wehte, ein Windspiel aus Bambus leise klang, waren leuchtende Fischerboote zu sehen. Wir tranken noch ein Glas Rotwein. Zum Abschied wünschten uns die beiden Gesundheit. Sie schenkten uns ein Amulett mit Drachen aus grüner Jade, die Glück verheißen sollten.

»Harmonie, Langlebigkeit und Stärke sind in China Werte des Lebens. Das wünschen wir euch. Gern soll unsere Freundschaft lange währen.«

Ein schöner Abend ging zu Ende und wir nahmen uns vor, nächstes Jahr wieder die Insel zu bereisen. Wir schlenderten in unser Quartier.

Ein Jahr geht zu Ende. Endlich schneit es. Ich genieße den schönen Winterspaziergang. Die Weinberge sehen verlassen aus. Auf den Treppen hinab in den Ort streift meine Nase von Weitem ein verführerischer Glühweinduft. Ich verweile in geselliger Runde mit einem Winzerglühwein. Sylvie verbringt ihre Zeit wie immer in ihrem Atelier. Es bricht mir das Herz, wenn uns Tom als Bild von der Wand tonlos anblickt.

Ich schenke Sylvie einen selbst gebastelten kreativen Adventskranz. Sie freut sich und erzwingt ein kleines Lächeln. Ein trauriges Weihnachtsfest, das sie dieses Jahr hier nicht feiern möchte.

Ich verbringe viel Zeit mit Sylvie, um sie zu trösten.

Inzwischen schwelgen wir in schönen Erinnerungen. Damals im Urlaub saßen wir am Meer und aßen einen griechischen Salat, der ohne Gewürze wunderbar mundete. Dazu ein Glas Weißwein. Am Nachbartisch saß

Tom, der ständig auf sein Handy blickte und sich dabei an einer Fischgräte verschluckte. Sylvie zögerte keinen Augenblick, zog aus ihrer Handtasche, die sie ständig wie ein Büro bei sich trägt, eine Pinzette heraus und bekam das Corpus Delicti hinten am Rachen zu fassen. Tom saß mit geöffnetem Mund, ich musste fast lachen. Die Gräte war der Anlass für eine wunderbare Beziehung. Seither aß Tom nur noch Oktopus. Oktopus mit Zaziki. Der Urlaub war für mich gelaufen. Sylvie hatte nur noch Zeit für Tom. Ich suchte den nahen Strand und fand meine Einsamkeit, ließ mich ausgiebig bräunen, shoppte neue Outfits. Für Mutter kaufte ich ein Salatbesteck aus rötlich schimmerndem Olivenholz. Sie liebt diese kleinen Präsente, eingewickelt in Papier mit blauem Mäandermuster und der Abbildung der Insel. Abends genoss ich es, im Club zu tanzen. Die Cocktails habe ich nicht gezählt. Am nächsten Morgen hatte ich einen Kater, genauer gesagt einen Luxus-Cocktail-Kater. Mit Sonnenbrille saß ich im Schatten und hoffte, dass mich heute niemand ansprechen würde.

Direkt nach dem Urlaub zog Tom zu uns in die Pfalz. Die beiden hatten sich gesucht und gefunden.

Dreizehn glückliche Jahre sind seither vergangen. Toms Herz ist noch immer hier, sein Geist überall.

Ich begleite Sylvie in ein nahes Kloster. Hier nehmen wir Abschied für immer. Erinnerungen sind unsere einzigen Begleiter in traurigen Stunden. Besinnlich schreiten wir durch die dunkle, fast beängstigende Allee aus Eibenbäumen. Alte Brunnen und Grabsteine säumen den Weg. Wir lassen den Nonnen eine beträchtliche Summe Geld zukommen und verlassen demutsvoll den stillen Ort. Das Leben geht weiter.

Es ist Zeit für den nächsten Griechenlandurlaub. Nach all den Reisestrapazen sitzen wir am Meer und hören mit geschlossenen Augen das leise Flüstern des Windes und das Rauschen der Wellen. Unser Frühstück fällt reichlich aus. Der goldene Honig schmeckt nach Thymian. Heute ist Markttag. Wir treffen Marina gemäß unserer telefonischen Verabredung vorerst auf dem Markt. Sie kauft frische Zutaten und Fisch für das Restaurant. Die Wiedersehensfreude ist riesengroß. Während ich mit Sylvie einen schönen Urlaub genieße, verabreden wir uns diesmal mit den beiden Restaurantbesitzern abends auf neutralem Boden in einer Außenterrasse am Meer. Ein Geheimtipp der Insel. Man zahlt eine Pauschale und bedient sich in der Küche an gefüllten Paprika und Auberginen gefüllt mit Tomaten, Reis und dem duftenden Oregano der Insel, die Costas heute Mittag zubereitet hat. Zur Begrüßung trinken wir einen Ouzo. Yamaz! Achaeus »berieselt« uns wieder mit seinen chinesischen Weisheiten, denen wir stundenlang zuhören könnten.

»In China«, so sagt er, »haben sogar die Cocktails eine Bedeutung. Sie verkünden geheime Botschaften. Schriftzeichen wie Stärke, Harmonie und Langlebigkeit sind Träger der chinesischen Kultur. So gibt es einen Cocktail, der Brücken zwischen Ost und West bedeuten soll. In den kleinen bunten Schirmchen befinden sich an dem Ring aus Papier um den Holzstiel Schriftzeichen aus chinesischen Tageszeitungen.«

»Das probieren wir beim nächsten Cocktail aus«, sage ich.

Marina muss Achaeus stoppen, als er mit dem Bau seines chinesischen gelben Drachen, Lóng, zu erzählen beginnt, der wie die Sonne in die Lüfte steigt und nachts am Nordhimmel als Sternbild Gamma Draconis erscheint.

Mein Handy klingelt. »Sorry, eine Kundin«, unterbreche ich unser Tischgespräch. Hier in Griechenland telefoniert man sowieso gern und lange. Niemand nimmt Notiz davon.

Wir sitzen unter einem Olivenbaum und beobachten den Sonnenuntergang, der mit seinem warmroten Schein heute Abend besonders wunderschön ist. Die Zikaden zirpen, begleitet von leiser Musik, die wie Balsam für eine überarbeitete Seele ist.

Am nächsten Morgen beziehen wir unseren auserkorenen Lieblingsplatz auf den Klippen, von dem aus das Meer zu jeder Tageszeit anders farblich schimmert. Morgens sieht es tiefdunkelblau aus, mittags eher silbrig und abends rotgolden. Sylvie malt aus dieser Position die verschiedenen Motive, während ich lese. Dabei schwätzen wir über allerlei Themen und trinken unseren griechischen Rotwein und essen dazu ein paar Oliven.

Ich erhole mich gerade von meiner wieder mal verflossenen Liebe und erkenne, dass ich beziehungsunfähig bin. Ich lasse los und schärfe den Blick für das Wesentliche, werfe alle Prinzipien über Bord. Wo ist sie, die Quelle des Frohsinns? Ich werde sie finden.

Allein verreise ich mit einer Tasche voller Bücher in die Nähe von Mainz, meiner Heimat. Meine Mutter gewährt mir gern Kost und Logis in meinem alten Zimmer, das sie inzwischen zu einem geschmackvollen Gästezimmer umfunktioniert hat. Vom Fenster aus kann ich über die weiten Felder direkt auf den Waldrand sehen. Dort ließ ich als Kind meinen selbst gebastelten Drachen steigen. Die Natur gibt mir die Ruhe, die ich momentan brauche. Mutter kocht göttlich. Wir laufen gemeinsam all die alten Pfade abseits der Stadt. Gemütlich lassen wir die Spazierrunde an dem alten Verwaltungstrakt ausklingen. Dort ist ein wunderbares Café entstanden. Ein Stück Torte auf der Terrasse, die wie ein Rondell mit flachen

Treppen und großen Pflanzenkübeln angelegt ist, muss sein. Das Café versprüht mediterranes Flair. Es ist erstaunlich, was baulich in der Stadt inzwischen neu entstanden ist. Nebenan soll ein Chinarestaurant eröffnen.

Ich buche ein Wellnessprogramm und treffe mich abends mit einer alten Freundin in einem Weinlokal. Wir haben uns lange nicht gesehen. Abgehetzt, aber freudestrahlend kommt sie an – Küsschen links, Küsschen rechts – und ist glücklich, sich ein paar Stunden von Kindern und Mann freigebaggert zu haben. Ich übergebe ihr wie immer ein paar Pröbchen meiner und ihrer Lieblingsprodukte. Ein schöner Abend beginnt mit guten Gesprächen und ein paar Häppchen zum Wein.

Am nächsten Morgen, so gegen neun Uhr, ruft Marina an. Ich trinke gerade meinen zweiten Kaffee. Achaeus ist krank, aber es ist kein Krebs. Er braucht eine neue Prostata. Bis dahin wird er schmerzfrei sein und medikamentös eingestellt. Marina spricht davon, das Restaurant aufzugeben. Ein paar Informationen zu viel an diesem Tag. Ich drücke die Daumen. Der Tag ist gelaufen, ich kann heute an nichts anderes mehr denken.

Marina ist völlig erschöpft von den vielen Stunden Wartezeit auf dem Korridor des Krankenhauses. Die OP ist gut verlaufen, Achaeus hat im letzten Moment ein Spenderorgan erhalten. Es ist ruhig geworden um die beiden.

Mehrere Jahre vergehen. Ich versuche, Marina anzurufen. Die Telefonnummer in Griechenland ist nicht mehr erreichbar. Seltsam, sollte eine Freundschaft enden?

Ich bin wieder mal in Mainz. Mutter freut sich immer auf mich. Tagsüber kontaktiere ich alle gängigen Kosmetiksalons zur Präsentation neuer Produkte. Abends habe ich Appetit auf ein chinesisches Menü und probiere das neue Schnellrestaurant zur Abholung meiner Vorbestellung. Doch der Tag hält eine Überraschung für mich bereit, mit der ich nicht gerechnet habe: Marina blickt mich hinter der Ladentheke an. Ein leiser Quiekser entrinnt mir vor Freude. Doch damit nicht genug. Ein kleiner Junge, keine zwei Jahre alt, mit schmalen Augen und vollem Mund, steht in einem bekleckerten braunen Parka vor mir an der Hand seines Vaters, den ich auf den ersten Blick nicht erkenne. Es ist Achaeus. Wir liegen uns in den Armen.

Die beiden Freunde haben es geschafft, ein großes Wunder zu vollbringen. Ich kann es kaum erwarten, Sylvie davon zu berichten. Auch wenn ihr Schicksal einige Jahre her ist, ist es mehr als tröstlich zu sehen, wie einem Menschen mit der schwersten Entscheidung im Leben geholfen werden kann.

Der Kleine heißt Haru – Sonnenschein – und ich finde, er hat die zwei besten Patentanten der Welt.

Little Buddha lebt.

Brücken sind Punkte, die sich seelisch berühren. Die Gedanken spazieren auf schmalen Pfaden verblasster Erinnerung, sie kehren irgendwann wieder zurück zu unserer Seele auf dem Weg zu unserem Herzen.

Melodie einer Jugendliebe

Leseprobe aus »Melodie einer Jugendliebe«

Es begann an einem normalen Mittwochmorgen. Ich hatte mal wieder verschlafen. Hektisch brach ich ohne Frühstück auf, um noch die nächste S-Bahn zu erreichen. Meine Frisur kreierte ich kurzerhand in einen wilden Look mit viel Haarfestiger um. An diesem Tag lief alles schief. Meine sperrige Entwurfmappe war noch heil in dem Gedränge. Mein erster Kunde wartete gelassen mit einem Kaffee in der Hand und schaute sich etwas im Atrium um.

Wir stellten uns kurz mit unseren Nachnamen vor und er sagte: »Das Warten ist kein Problem, dank diesem fabelhaften Ausblick hier verging die Zeit wie im Flug. Ich hoffe, das neue Projekt begeistert genauso wie die laufende Ausstellung. Das Thema ‚Kultur und Integration' klingt schon mal vielversprechend. Wir binden alle Künstler der Region ein, so entsteht ein umfassender Infoblock zum Anfassen.«

Ich übergab ihm meine Vision inklusive Adressverzeichnissen, Skizzen und Portfolios der Akteure. Sein Kaffee duftete verführerisch. Ich lächelte.

»Wir sehen uns.« Dann verschwand er.

An diesem Nachmittag ließ ich mir etwas Zeit und holte auf dem Frankfurter Altmarktplatz mein verpasstes Frühstück mit Kaviar und Kaffee nach. Man sitzt wie auf dem Präsentierteller auf diesem Platz, rundherum blühende Kastanienbäume. Die optimale Beobachtungsposition. Zu Hause setzte mich auf meinen kleinen Balkon und las. In Gedanken vermisste ich die Zeiten, in denen mir Laurent, mein verstorbener Mann, sanft über den Rücken gestrichen hatte.

Rob, mein neuer Saugroboter, ist nun der einzige »Mensch«, mit dem ich kommuniziere. Ich muss sagen, er ist ein sehr geduldiger Kerl. Man kann ihm alles erzählen, er widerspricht nie. Aber wollen wir das wirklich? Ich vermisse die kommunikativen Zeiten mit Laurent, unsere kleinen Neckereien, die den Alltag etwas würzten. Hey Rob, ich hoffe, du putzt auch mal unter dem Bett, und mach nicht so 'nen Lärm. Ich habe heute etwas »Haarwurzel«.

Im Haus gegenüber stand eine Wohnung leer. Eines Abends brannte dort plötzlich Licht. Meine Neugier war geweckt. Dann sah ich ihn. Oh, der Neue. Ich reckte hinter meinem Lorbeerstrauch auf dem Balkon meine »Neugiernase« gen gegenüber. Er im Malerkostüm. Sein Unterhemd hing salopp am Fenstergriff. Das gab mir Stoff für einen kleinen Ausflug in meine noch nicht abhanden gekommenen Fantasien. Ob er sich als Unterwäschemodel eignete? Nach langer Zeit regten sich bei mir endlich wieder die Endorphine und ich ertappte mich bei Selbstgesprächen.

»Mona sichtet interessantes männliches Wesen!« Ich verspürte leichte Glücksgefühle und rannte mit meinem Müllbeutel durchs Treppenhaus, in der Hoffnung, dass er mich von oben sähe.

Irgendwie gewährt man auf so einem Balkon kleine Einblicke ins Leben und ich stellte fest, ein kleiner roter Sonnenschirm, ein Buch zeichneten einen Genießer aus. Ab und zu stürmte er zur Fußballzeit in Richtung Fernseher. Köstlich. Wer war der Mann? Nach so langer Zeit tanzten bei mir endlich wieder ein paar Schmetterlinge im Bauch. Es war mein erster Kunde. Welch ein Zufall. Seinen Vornamen würde ich bald wissen. Draußen raschelte bereits das Laub unter meinen Füßen, aber mein Kopf spürte gerade Hochsommer und mein heutiger Tagtraum ging in Richtung Sex im Lift. Am liebsten hätte ich bei ihm geklingelt.

Damals sah ich Laurent an einer Ampel direkt neben der kleinen Parfümerie zum ersten Mal. Obwohl er ein sehr dunkler Typ war, glänzte sein Haar goldbraun in der Sonne. Seine Nase sah von allen Seiten anders aus und seine Jeans wirkten auch irgendwie zu kurz. Er fiel mir durch seine galante Art und sein süffisantes Lächeln auf. Gott weiß warum. Ich weiß es bis heute nicht. Dann standen wir beim Bäcker und teilten uns das letzte Zwiebelbaguette. Wir tranken einen Kaffee und ich grübelte, an wen er mich erinnerte. Ja, an meinen Kinderarzt. Während er mir irgendeine Episode aus seiner Kindheit auf Korsika erzählte, spielte ich mit meiner Haarlocke und genoss seine wundervoll ausgeglichene Art. Der Mann war wie eine Statue, ein in sich ruhendes Monument mit atemberaubender Aura. Genau wie der Kinderarzt damals. Er stand lächelnd wie eine Salzsäule im Raum mit seinen ein Meter vierundachtzig. Ich reichte ihm mit Absatzschuhen bis zur Schulter.

Laurent wartete bereits auf mich. Es war mein letzter Studientag. Doch im Studentenwohnheim ging die Post ab. Dank der nötigen Spirituose landete ich auf dem Schoß von Paul. Er smokte an einer Havanna. Mit ihm hatte ich meine gesamte Studienzeit verbracht. Paul, ein männlich-markanter Typ mit dunklen Locken, der schönen breiten Nasenwurzel und dem vollen Kussmund. Smart, lässig und wahnsinnig intelligent. Ach, etwas albern noch. Im Sommer tanzten tausend Sommersprossen auf seiner Nase. In unserem Gemeinschaftskühlschrank befand sich neben unzähligen Raviolidosen natürlich jede Menge Alkohol. Wir verbrachten gemeinsam mit den Mädels verrückte Nachmittage mit seinem alten Ford Escort am Baggersee und lange Tanzabende nach dem Lernen. Er war ein flotter Tänzer und forderte uns reihum auf. Nur mit mir tanzte er die langsamen Kuschelsongs, die ich damals sehr genoss. Meine Füße folgten ihm blind beim Tanzen. Er hatte das spitzbübischste Lächeln der Welt, das seine zwei spitzen Eckzähne freilegte.

Irgendwann waren alle Mädels verschwunden und wir liebten uns. Ich saß immer noch auf seinem Schoß. Wilde Zeiten eben. Paul sah ich nicht wieder. Hundert Punkte gehen heute an Mona. Laurent hatte einen wunderschönen Rosenstrauß bei meiner Mutter hinterlassen, weil ich nicht zugegen gewesen war. Die Wiedersehensfreude hielt sich bei uns in Grenzen. Er war enttäuscht. In den nächsten Wochen schrieb ich meine Diplomarbeit, absolvierte die letzten Prüfungen. Mein Zeugnis erhielt ich per Post. Keine Exmatrikulation. Eine ewige Studierende? Niemals fand ein Klassentreffen statt. Alle hatten sich aus den Augen verloren.

Die Versöhnung mit Laurent war schön. Er hatte mir ein warmes rotes Veloursnachthemd gekauft, das auf meinem Kopfkissen lag. Doch dann ging alles schnell. Er war immer für mich da. Seine ausgeglichene verlässliche Art hat mir bewiesen, dass er alles war, wonach ich mich im Moment sehnte. Wir heirateten bald und feierten ausgelassen auf Korsika bei seinen Eltern. Ich zog zu ihm in seine helle große Wohnung mit Wintergarten, der voller Orchideen stand. Laurent war Pharmareferent und hatte dienstlich oft in Japan zu tun. Auch sonst könnte man ihm einen leichten Japan-Tick zuschreiben. Im Schlafzimmer überm Bett hing ein großes Bild mit Sakura, der japanischen Kirschblüte. Sein Reiskocher in der Küche bot immer eine Grundlage für schnelle Gerichte. Und wenn wir keine Lust hatten zu kochen, entführte er mich in unser Lieblingsjapanrestaurant »Moriki«. Die Inhaberin lächelte, wenn wir kamen. Wir nannten sie liebevoll unsere Kameliendame. Kamelie heißt auf Lateinisch Camellia japonica, ein Teegewächs aus Ostasien mit wunderschönen Blüten. Eine große Pflanze säumte den Eingang des Lokals. Ansonsten ist den Japanern nicht unbedingt eine Emotion auf den ersten Blick anzusehen.

Als Donata geboren wurde, waren wir die glücklichsten Eltern der Welt. Sie wuchs sehr eigenständig auf und wusste schon früh, was sie vom Leben erwartete. Ihr fehlte es an nichts, und dennoch war sie ein sehr dankbares Kind, das heutige Werte deutlich zu schätzen wusste.

Ich erinnere mich noch einen unserer Silvesterabende. Es gab Himbeeren, Lachs, gefüllte Eier, unsittliche Gegenstände aus Schoko. Sie wissen schon ... Unsere knappen Outfits, die uns damals noch wunderbar standen, glänzten im Licht und machten Appetit auf mehr. So rein themenmäßig hatten wir keinerlei Tabus dank des reichlich fließenden Champagners.

Gänzlich versunken in mein Selbstmitleid las ich mal wieder den Abschiedsbrief von Laurent, den ich damals im Eisfach meines Kühlschranks hinter meiner letzten Lieblingspizza, Spinat-Mozzarella, gefunden hatte.

»Liebste, meine Krankheit ist bereits unaufhaltsam fortgeschritten, sodass ich mich gegen eine OP entschieden habe. Mein alter japanischer Professor von der Uni hilft mir dabei, mit allerlei pflanzlichen Tinkturen noch ein paar schöne Jahre mit dir zu haben. Sei dir gewiss: Ich habe jede Minute mit dir genossen. Deine lächelnden gütigen Züge trage ich immer bei mir. Ich habe dich in Gedanken tausendmal gezeichnet, obwohl ich nicht malen kann. Du bist der wundervollste Mensch, der mir jemals begegnet ist. Bye, love you. Open the gates of heaven. Laurent.«

Ich brauchte dringend eine Freundin, mit der ich mich austauschen und meinen Schmerz teilen konnte. Wie ein Pilger, der seine ihn blockierenden Grenzen überschreitet. Doch ich war noch nicht bereit dazu, neu zu vertrauen.

Mit meiner Kollegin traf ich mich von nun an jede Woche regelmäßig auf ein Käffchen in der Innenstadt von Frankfurt.

So sind sie, die Damen der »Generation Kuchen«, auch »Tellerhortensien« genannt. Auf der Promenade, gesäumt von Linden, Fiffi an der Leine, Ziel: das Café am Fluss. Dort kommen sie gelaufen, die Dämchen mit Themchen und Drämchen. Ein Wein, ein Kuchen, die Sachertorte müssen sie versuchen. Geschnatter zur Belustigung der starken Männer. Sie führen heute ihr Tattoo aus und sitzen in der Sonne, mit einem Gemüt, das die Törtchen nur so dahinschmelzen lässt. Berge von Sahne und Eis, die Omi mit dem Greis, recht schick mit Schlips und Stöckchen. Sie im grünen Röckchen.

Ganz oben in der Sommerlaube mit weitem Blick ins Tal, der Sonnennebel streift den Saum der Bäume, die Kirchturmglocke läutet. Herrlich friedliche Idylle. Kräuterduft streift meine Nase, die Tannenspitzen leuchten hell in zarter Pracht. Ich mach mir keinen Stress, hör dem Vogelgezwitscher zu, klingt wie ein Lied, dazu ein Glas Wein. Fein!

Es ist ein Phänomen, mit den ersten Sonnenstrahlen werden die Outdoorutensilien gerichtet, die Tische poliert, die Deko fein abgestimmt. Alles für die Genießer und Frischluftfanatiker, die Radfahrer, Wanderer und natürlich nicht zu vergessen die »Shoppingmonster« mittleren Alters, die alle irgendein Schicksal miteinander teilen.

Im Schatten der Bäume zwischen Mühlenrad und Kräuterpfad treffen wir das kühlende Wasser. Knoblauchduft aus der Küche verströmt ein atemberaubendes Aroma. Der Pfad gesäumt mit Mühlsteinen zwischen Sauerampfer und blühender Melisse.

Dort haben wir für unser Event einen Infostand und Literatur über altes Kräuterwissen aufgebaut. Dazwischen ein Tablett mit Käse aus der Region zum Probieren, natürlich mit essbaren Gänseblümchen und würzigen

Käse-Kräuter-Dips. Die Damen sind begeistert. Endlich lebe ich meine grüne Vorliebe für die Natur, eine kleine Oase. Auch das ist Auszeit vom Alltag, trotz der vielen Menschen um uns herum.

Und so trifft man sich wieder. Das Leben ist wie ein Haus der Begegnungen. Das ist doch die Ibiza-Queen von damals. Kleidergröße sechsunddreißig, weißes Outfit, die, die nie einen Tanz ausließ, Cocktails schlürfend, umringt von der Männerwelt, die sie dann in letzter Minute eiskalt abservierte. Nun steht sie neben mir, sehr gepflegt, immer noch sehr schön. Ein paar Speckpölsterchen und dieses Siegeslächeln. Wir grüßen uns. »Hallo, du verrücktes Huhn«, sag ich. »Wie ist es dir ergangen in den letzten Jahren?«

Sie sagt: »Gestrandet, geschieden, aber frei. Ausgerechnet den größten Mistkerl musste ich mir angeln. Aus einer schönen Schüssel isst man nie allein. Ich habe es nicht mehr ertragen.«

Ich rief Simon an, mit dem ich mittlerweile jede Menge Freizeit verbrachte.

»Hey, ich schenk dir meinen Sonntag.«

»Ich komme. Was machen wir heute, Schönheit?«, fragt er.

»Hast du Lust auf ein bisschen Wellness und Einblicke in einen schönen Tag?«, sage ich.

Wir beide schwelgten in der Wellnessschaukel auf der Gänseblümchenwiese mit Blick auf die vorbeifahrenden Schiffe am Main. Badetücher wehten im Wind der Bäume. Alle liefen den Saunaaufgüssen hinterher. Wir nicht. Ich schwamm eine Runde mit einem leckeren Nackedei. Vor der Sauna stand eine Dame, die Melonenwürfel zur Erfrischung reichte. Herrlich, nackte Haut, Natur wie von Gott geschaffen. Kaffeeduft streifte unsere Nase. Wir schlürften einen gesunden, kühlen gepressten Gemüsesaft, Birne, Sellerie, Ingwer. Lecker. Simon schaute ständig auf meine rot lackierten Zehennägel und erzählte mir von seinem spannenden Krimi, den er gerade las. Von einem wundervollen Strategen. War klar, dass dieser wieder männlich war. Ich hörte zu.

Relaxt fuhren wir beide nach Hause. Ich hatte allerlei Termine zu koordinieren und telefonierte den halben Vormittag, schrieb Einkaufslisten, organisierte Leihobjekte für das anstehende Event. Kulturen kann man auf verschiedene Weise erleben, auch über den Gaumen. An den Anblick von Badelatschen und die Schalen von Vogelkernen muss man sich allerdings erst gewöhnen. Andere Sitten und Kulturen eben.

Begleitet von orientalischer Musik der Darbukas. Das sind marokkanische Trommeln aus Ziegenleder.

Hier lernte ich Samed kennen. Er sah putzig aus mit seinem rosa Koffer. Er jobbte seit drei Jahren als Pfleger in einer Seniorenresidenz und war quasi der Held der »old ladies«. Er half uns etwas, die Sprachbarrieren zu den Gästen zu überwinden, was dank seines Outfits nicht schwerfiel. Er sprach fast perfekt Deutsch. Ich beobachtete ihn intensiv, bevor ich plante, ihn irgendwann einmal zu mir auf einen Espresso im Stehen einzuladen. Sameds Mutter war zu Besuch und quirlte zwischendrin herum. Sie sagte: »Ich koche für euch, und zwar nicht nur privat, sondern für alle Besucher auf dem Fest.« Diese Idee fand ich großartig. Wir planten Zutaten für Falafel, die wir auf Salatblättern reichen wollten, dazu Harira, eine Kichererbsensuppe.

In den nächsten Wochen waren wir damit beschäftigt, neue Ideen umzusetzen. Das war manchmal nicht leicht. Doch mir, dem ungekrönten Organisationstalent, sollte es doch gelingen, ein paar junge Leute gut ausbilden zu lassen und erfolgreich in Jobs zu vermitteln. Die Zusammenarbeit mit Schulen, Behörden und den Jugendlichen kostete viel Zeit. Ich lernte Simon immer besser kennen. Er gefiel mir und ich glaubte zu diesem Zeitpunkt an eine gemeinsame Zukunft. Obgleich es mich bereits mächtig nervte, dass er ständig dieselbe grüne Hose trug. Doch er merkte auch, dass ich mich noch nicht so ganz auf ihn einlassen konnte. Konnte ich mit ihm lachen und ihm in allen Lebenslagen vertrauen? Zu tief saß mein Schmerz der letzten Jahre mit Laurent. Irgendwie gefielen mir meine Ausreden.

Simon kam mir auf der anderen Straßenseite entgegen und ich dachte, Laurent spräche zu mir: »Stell dir vor, wir laufen am Meer entlang, barfuß. Die Schaufenster werden die Leute sein, die du irgendwann wiedersiehst, wenn deine Seele wieder dir ganz allein gehört, wenn du wieder diejenige bist, die du immer warst. Dann werde ich wieder da sein. Äußerlich älter, innerlich immer noch derselbe. Wirst du mich erkennen? Reiche mir die Hand, umarme mich, umarme die ganze Welt. Deine Lebensfreude war immer ansteckend. Ich freue mich darauf.«

Dann kam Simon zu mir herüber. Jede unserer Begegnungen hinterließ Spuren. Ich konnte mir mit ihm eine kleine gemeinsame Auszeit vom Alltag vorstellen.

Wir buchten einen gemeinsamen Griechenlandurlaub. Die faszinierenden weißen Häuser und das ganz besondere Blau des Meeres waren entspannend und aufregend zugleich. Unser kleines Hotel am Hafen mit Blick auf die gesamte Bucht war traumhaft schön. Die Gedanken ruhten. Schöne Dinge sieht man sowieso nur, wenn man langsam geht. Und wir gingen langsam. Hand in Hand. Relaxt auf der Sonnenliege kredenzte uns der Kellner einen Sekt am Vormittag. Wir redeten über Gott und die Welt und lauerten in Beobachtungsposition. Mittags am Büfett aßen wir griechischen Salat, der am Meer ohne Gewürze anders und intensiver schmeckt, als wenn man ihn zu Hause zubereitet. Das Rezept der gefüllten Auberginen mit Reis und Fleisch ließ ich mir von der Köchin geben. Simon war auch offen für etwas Kultur nach Feierabend. Das gefiel mir an ihm. Er wurde sehr schnell braun. Manchmal kuschelte ich mich etwas näher an ihn, um seinen Körperduft zu spüren.

Noch reisten wir mit getrennten Zimmern. Spannend! Besonders bei so viel Sonne, die meine Hormone irgendwie aktivierte. Ich hielt mich etwas zurück. Als wir beim Kaffee am Meer saßen, sprach uns ein netter Mann vom Nachbartisch an. Er war mir bereits aufgefallen. Mit seinen Mokassins ohne Socken, dem typischen Shirt und Sonnenbrille sah er aus wie ein Schiffseigner. Volltreffer! Er fragte, woher wir kämen. Dann erzählte er, dass er in Frankfurt studiert hatte und vor Jahren über Marseille nach Malta ausgewandert war. Seither tourte er mit seinem Boot über das Mittelmeer. Wir hatten ein Thema. Am nächsten Morgen ließen wir das Frühstück im Hotel ausfallen, um der Einladung aufs Boot zu folgen. Simon war früh aufgestanden, um frische Brötchen zu holen. Wir genossen die Stille um uns herum, das leise Schaukeln des Bootes. Der Morgen gab einen bezaubernden Blick auf das kupferfarben schimmernde Meer frei. So wurde das Gestern zum Traum voller Glück und das Morgen zu meiner Vision voller Hoffnung auf ein Leben mit Simon. Doch sollte es anders kommen? Im Moment genoss ich mein Paradies. Es befindet sich auf jeden Fall am Meer. Und ich hoffte auf einen langersehnten Kuss. Er saß im Drogeriemarkt am Bildermonitor. Ich schlich mich von hinten an ihn heran, legte meine Hände um seine Hüften und knabberte leicht an seinem Ohrläppchen. Sein Schmunzeln sah ich nicht, aber ich konnte es spüren. Ein kleiner Anfang war gemacht.

Simon und ich erhielten eine Einladung zum Rheingau-Festival. Wir standen mitten unter den VIPs. Nicht im Blitzlichtgewitter, aber im Innenhof des Klosters, wo die Vorbereitungen des Hessischen Rundfunks für den Sektempfang in vollem Gang waren. Neben großen Kübeln mit mannshohen Fuchsienstämmen fand unser kleines Fotoshooting statt. In der Vinothek verkostete man edle Tropfen und las scheinbar sehr interessiert in den ausliegenden Büchern über Kräuterwissen und Klosterliteratur. Die Damen neben mir verströmten ein kleines Parfümintermezzo und konnten kaum stehen in ihren Stöckelschuhen.

Ich trug ein schwarzes Kleid mit einem dezent schillernden Pfau. Als wir uns im Biergarten für eine kleine Erquickung niederließen, traute ich meinen Augen kaum. Tatsächlich, »Mr. Metropolitan Opera himself«! Es war fünfundzwanzig Jahre her. Er stand an der Schwelle des Restaurants und an der Schwelle des Alters, sehr gepflegt und kultiviert wie früher, und zeigte sich für ein paar Sekunden. Ich saß zufrieden lächelnd mit Simon am Tisch und aß relaxt eine Kirschwaffel mit Sahneeis, zurückhaltend und elegant, genau wie er. Für die nächsten Minuten war ich nicht ansprechbar, ich schwelgte in Erinnerungen. Unser letztes Telefonat hatte mitten an einem Nachmittag zur totalen Sonnenfinsternis stattgefunden, das war damals unser Abschied gewesen. Ohne ein Wort gewährten wir uns nun gegenseitig Einblicke in eine späte Lebensetappe. Ich kannte seine dienstliche und private Seite, nun seine kulturelle Seite. Würden wir uns noch einmal wiedersehen? Und doch war ich zufrieden mit meinem Leben, wie es ist und war.

Auch die glücklichen Jahre mit Laurent, meinem korsischen Eselchen, mochte ich nicht missen. Immer wieder dachte ich an unseren Urlaub auf dem Schiff: Für unseren ersten Seetag orderten wir damals eines der begehrten Tickets für die Saunalandschaft auf dem Oberdeck, um zu sehen, ob die »Welt der Verführung« hielt, was sie versprach.

Wir leben den Sonnentanz. Deck mich zu mit deiner Augen Güte. Ein Tag voller Emotionen und gezielter Zurückhaltung. Wir flirten.

Menschen zu sehen ohne Kleidung, Nacktheit, die nichts verrät von gesellschaftlichen Positionen und Hab und Gut.

Würden wir sie zum Abendessen noch erkennen? Das war spannend. Keine schlüpfrigen Angebote wie von dem Italiener, der hinter seinem Rücken einen Fuffi durch die Finger blitzen ließ. Sah ich so billig aus? »Danke, ich bin nicht interessiert«, dachte ich.

Als ich noch etwas las, verschwand Laurent. Ich dachte mir nichts dabei. Als ich die Kabinentür öffnete, erwarteten mich ein romantischer, in zartes Licht getauchter Raum und eine Flasche Champagner. Leise hauchte er hinter mir: »Jetzt verführe ich dich ganz langsam.« Wir duschten das Sonnenöl von unserer Haut ab. Das gedimmte Licht kaschierte die kleinen Problemzonen perfekt. Ich lehnte mich im Stehen an den Schrank und genoss, wie er mir jeden Tropfen von der Haut trank, bis ich juchzend auf das Bett sank und mich auf ihn setzte, bis unsere Körper sich vereinten. Als wir zum Abendessen schritten, ich noch liebestaumelnd in meinen Absatzschuhen, hatten wir ziemlichen Hunger. Etwas orientierungslos drehte ich mit meinem Teller bereits die zweite Runde ums Büfett. Laurent winkte und schmunzelte. Und ich: »Okay, okay, kein Kommentar. Beim nächsten Mal Treffpunkt Dörrobststand, ist ganz leicht zu merken.« Er: »Modell Trockenpflaume?«

»Also wirklich!«, sprach ich mit strengem Blick.

Im lauen Abendwind auf dem Außendeck ließen wir uns delikate Häppchen schmecken.

Doch im Hier und Jetzt der Realität begann ein Neuanfang, den ich endlich akzeptieren musste. Keine Kussspuren an der Duschkabine von außen in Höhe meiner Brüste, die ich lange nicht abputzte. Er war immer sehr einfallsreich mit so kleinen Gesten, die eine Frau nie vergisst.

Auf all meinen Reisen traf ich Menschen, deren Geschichten mich berührten und vom eigenen Schicksal ablenkten. Einmal traf ich einen alten Mann allein auf der Reise zurück in seine Heimatstadt. Er trug einen gebügelten alten Anzug, sah etwas wehmütig aus und war wackelig auf den Beinen. »Fräuleinchen«, sagte er. »Ich möchte so gerne noch einmal das Haus sehen, in dem ich mit meiner Frau so viele Jahre wohnte. Ich bin ins Altenheim in der Nähe meines Sohnes gezogen. Das ist so schön bequem. Nun mache ich mich auf die Reise zurück in die Vergangenheit und möchte noch einmal die Erinnerungen erleben, noch einmal am Hang stehen und auf den Fluss sehen, noch einmal auf der Bank sitzen, hoch über den Weinbergen, wo ich meine Frau damals zum ersten Mal geküsst habe.«

Ich hörte zu. Er wirkte trotz seiner Falten sehr zufrieden.

Mark Twain beschrieb die Gesichtsfalten eines Menschen als Pfade, auf denen das Lächeln spazieren geht. Wie treffend.

Beruhigt und glücklich sah er nun aus, als ich ihm versicherte, dass das eine gute Idee sei, was er vorhatte. Ich wünschte ihm viel Kraft, noch einmal zurückzufinden zu alten Gewohnheiten, Ritualen, und er möge in der Kirche ein paar Menschen treffen, die ihn noch erkannten. Ich stieg aus und er freute sich, noch einmal Lebewohl sagen zu dürfen.

Donata spielte Klarinette in der Alten Oper in Frankfurt und privat ausgezeichnet Klavier. Das gute Stück mussten wir mit dem Kran über ihren kleinen Balkon hieven lassen, denn es passte nicht durchs schmale Treppenhaus. Laurent hat sich immer gefragt, von wem sie dieses musikalische Talent hatte.

Vor Jahren erlitt Laurent einen Kollaps, ausgelöst durch Nierenversagen. Damals konnte ich mit diesem Verlust nicht umgehen. Ich wirkte wie geistesabwesend.

Oft erinnerte ich mich zurück, wie er auf dem Spielplatz allen Kindern den »Klapser« machte. Er hatte Job, Kind und natürlich die Küche im Griff. Ich liebte seine korsischen Rezepte und den Hang zur Gemütlichkeit. Er erkannte immer, wenn ich ausgepowert von der Arbeit kam. Dann ließ er mir eine Badewanne ein und stand nackt mit zwei Gläsern Rotwein an der Tür. Ein Bild für die Götter! Er war kein Typ, der mit Kumpels nach Mallorca fuhr. Er züchtete Orchideen. Wir verstanden uns oft ohne viele Worte. Ich erkannte an seinem Blick direkt, wenn auf der Stirn »Kuscheltime« geschrieben stand. Danach gab es immer Pfannkuchen mit Nutella. Er küsste noch besser, als er kochen konnte. Er hasste Flipflops und ich war zu doof, aus einer Dose zu trinken. Darüber haben wir oft gelacht.

Eines Morgens, als ich zur Arbeit wollte, überkam mich eine Idee, mal irgendwas Verrücktes zu tun. Ich schwänzte den ganzen Tag und rief Sigi, seinen besten Freund, an. Er hatte noch seine alte Nummer.

»Hey, hast du Zeit für mich? Ich brauche ein bisschen seelischen Beistand. Treffen wir uns im Park, unserer kleinen Oase im Alltag der Großstadt?«

Sigi war früher da als ich und hatte zwei Flaschen Bier dabei. Ich setzte mich dazu. Wir schwiegen uns an, beobachteten die Leute. Um die Ecke bog wie jeden Tag das alte Ehepaar. Man konnte die Uhr nach den beiden stellen.

Das hatte gutgetan. Wir stellten fest: »Das Leben geht weiter, es ist ständig im Fluss wie das Tempo des Flusses, kraftvoll und unaufhaltsam. Die Minuten rennen, die Geschehnisse treiben uns voran.«

Später ließ ich mich wegen Migräne krankschreiben.

Wir führten eine Bilderbuchehe. Laurent war einfühlsam, ein guter Zuhörer und Diplomat. Er wusste immer Rat, wenn mich mal wieder unüberwindbare Probleme blockierten. Wir hatten guten, erfüllenden Sex, waren spontan und lebten gegenseitig unsere kleinen Freiheiten. Wir haben gern und viel diskutiert, zum Beispiel darüber, wie viel Geld Frauen so für Beauty ausgeben. Dann sagte ich immer: »Du gehst zum Reifenwechsel, ich brauche nur 'nen Lippenstift.«

Wir lachten dann jedes Mal. Manchmal muss ich heute noch über seine süßen Marotten schmunzeln. Ich habe doch all die Jahre das Spültuch falsch herum gehängt. Bei ihm durfte man das Wäscheschild nicht sehen. Solange es nur diese Kleinigkeiten sind, ist eine Beziehung nahezu perfekt. Aber er konnte gut mit meiner Ungeduld umgehen. Er ruhte in sich. »Die Japaner«, so sagte er, »empfinden unfertige Dinge als Lebensaufgabe und Symbol. Etwas, das sich ständig im Fluss befindet.« Auf all seinen Dienstreisen und in den kleinen japanischen Teestuben hat er die Menschen und die Natur studieren können.

Ich finde, Toleranz ist eine gute Basis für eine Beziehung, und erinnere mich gern an seinen glücklichen

Ausdruck in den Augen, wenn er freitags aus der Sauna kam. Eines Samstagmorgens stand er nackt in der Küche, um uns ein Frühstück im Bett zu bereiten. Sein muskulöser Popo und sein baumelndes bestes Stück haben mich fasziniert. »Erst essen«, sprach er dann streng. Der Klecks Aprikosenjoghurt schmeckte »erogen«. Wir schliefen bis zum Nachmittag. Dann flüsterte er mir ins Ohr: »Im Brooklyn brennt noch Licht.« Meine Augen leuchteten. Ich packte sofort ein paar Sachen zusammen und ab gings in Richtung Norden. Ja, es brannte noch Licht in unserem Lieblingsstrandpavillon »Brooklyn«. Mit Blick auf die Wellen verzehrten wir genüsslich unsere frischen Muscheln und Krustentiere. Ich liebte ihn für diese kleinen schönen Momente. Das Sonnensegel war gesetzt, wenn auch nur für ein Wochenende.

Ich war dankbar, diesen wundervollen Partner an meiner Seite zu wissen. Er hatte sehr sensible Antennen, war ein gütiger und ausgeglichener Mensch.

Bienvenue en Corse. Herzlich Willkommen auf Korsika.

Donata ist in all den Ferien bei seinen Eltern auf Korsika aufgewachsen. Seine Mutter war eine Schönheit mit kastanienbraunem Haar und einem kleinen Leberfleck an der Nase. Ich kenne sie nur in dieser beigen Halbschürze. Sie kochte göttlich. Laurents Vater war ein ausgeglichener Mensch. Man konnte ihn nicht als wortkarg bezeichnen, aber was er sagte, hatte irgendwie Gewicht. Wenn ich ihn so ansah, mit seinen grauen Schläfen und noch vollem Haar, ein paar Augenfältchen, dann konnte ich erahnen, wie Laurent einmal ausschauen würde. Dachte ich damals.

Wie oft sind wir gemeinsam in der kleinen Limousine, die allen auf dem Hof zur Verfügung stand, an den wunderschönen langen Strand bei Bastia gefahren, um kilometerlange Spaziergänge am Meer mit kleinen Badeaufenthalten zu genießen. Morgens und abends ab fünf hatte man den Strand fast für sich allein. In der Nähe befanden sich kaum Unterkünfte, sodass die Touristen wieder in die Hotels reisten.

Wir liebten diese Insel, die Menschen, deren Lebensphilosophie und das gute rustikale Essen. Korsen sind sehr stolze Menschen. »Salute!« – es bedeutet so viel wie »Grüß dich« – hörte man über den Tag allerorts. Hier lebt man »pianu pianu«, das bedeutet »immer mit der Ruhe«.

Sein Freund Sigi kam uns oft besuchen, um mit uns seine Wanderungen durch die ungezähmten Pfade der Berge zu starten. Es ist wunderschön, diese besondere Form der Einsamkeit zu genießen. Vorbei an wilden Bächen, begleitet vom melodischen Gebimmel der Glocken der wilden Ziegen. Die felsig-grünen Berge duften nach der kriechend wachsenden korsischen Minze, die sich hervorragend abends für einen frischen Tee eignet. Dazu pflückten wir uns reife Zitronen vom Baum.

Auf dem großzügigen Anwesen in himmlischer Ruhe war man umgeben von zufriedenen, geselligen Menschen, die immer an einem großen Tisch saßen und gemeinsam aßen. »Prodotti Corsi« wie der typische Käse »Casanu« schmeckten köstlich. Manchmal dachte man, die Mode sei an der Männerwelt vorbeigegangen. Mit einem rustikalen Strickpulli und zufriedenem Lächeln sollte man unbedingt klarkommen. Kein Zoff mit den Nachbarn, wenn Fiffi ein Häufchen im Garten gemacht hat oder das Blattwerk zwei Zentimeter über den Zaun ragt. Kein knappes Hallo, hier wurde richtig geplauscht. Man saß nicht auf der Couch und schaute erst mal, ob der Nachbar einen Account bei Instagram oder Facebook hatte, als Follower, versteht sich. Oft wurde hier gemeinsam gespeist, in der Mitte des Tisches unter meinem Lieblingsolivenbaum stand immer eine große Schüssel, aus der sich jeder bediente. Der »Follower« machte gerade Urlaub und wurde zum »Relaxer«, umgeben von jeder Menge duftender Natur. Dazu gehörte auch die Eselin, die inzwischen zu einer alten Lady gereift war. Wenn wir kamen, rief sie uns ihre wiehernden Freudenlaute entgegen. Manchmal, wenn ich allein mit Donata reiste, vermisste ich Laurent schon am zweiten Tag. Ich pirschte zum Pool, um ein paar Runden zu schwimmen und meine Gedanken zu ordnen. Doch dann träumte ich wieder. Ich schloss die Augen. Er hatte mich vom Bodenfenster aus beobachtet. Es zog ein leichter Kaffeeduft herüber. Dann kam er freudestrahlend aus dem Haus und stellte uns zwei Tassen Kaffee an den Beckenrand. Anschließend genoss ich das Frotteetuch, mit dem er mir die Wasserperlen vom Körper abtrocknete. Ach, leider nur in Gedanken. Ach, ich wäre so gern mit ihm alt geworden.

Heute ist mein Ehrentag. Der neunundvierzigste Geburtstag. So könnte es bleiben. Ich stehe früh auf, um den Tag jede Minute auszuschöpfen. Nach einem Glas Wasser starte ich einen ausgedehnten Morgenspaziergang, gehe zwei Stunden schwimmen und setze mich mitten in die Fußgängerzone zum Frühstück. Ein Platz zum Verweilen unter blühenden japanischen Kirschbäumen. Der Mai hat etwas Bezauberndes, Frisches. Die Stadt erwacht. Simon, der Mann fürs Projekt, tippt mir von hinten auf die Schulter. Viele Worte braucht es nicht und wir landen endlich im Bett. Es ist schön mit ihm. Mein bester Geburtstag. Ich genieße seine Streicheleinheiten und Küsse. Mein ganzer Körper bebt, bis er sich endlich lustvoll stöhnend in mir ergießt. Abends folgt ein köstliches chinesisches Büfett. Manchmal glaube ich schon, dass ich mit ihm ein völlig neues Leben anfangen könnte. Doch er hat den totalen Kontrollzwang für sich gepachtet. Wenn ich an unseren gemeinsamen Urlaub im Orient zurückblicke, kommen die Erinnerungen und Zweifel wieder in mir hoch. Wenn er sich etwas in den Kopf gesetzt hat, muss es am besten gleich sein. In dem orangefarbenen Kaftan, den er mir kaufte, sah ich aus wie die dickste Orange, die auf der Welt gewachsen ist. Passende Schuhe, versteht sich! Ich machte gute Miene, fühlte mich aber den ganzen Abend unwohl. Das putzige Ensemble ließ ich diskret im Hotelzimmer zurück. Ich brauche mal wieder eine kleine Beziehungspause, so ohne jeglichen Terminzwang. Ich gehe shoppen und schlendere mit einem Schlumpfeis durch die Altstadt.

Abends telefoniere ich endlich mit Martina, meiner alten Studienkollegin. Wir trafen uns vor zwei Jahren zufällig im Madeira-Urlaub in der Gondel über den Tälern des Monte Babosas auf dem Weg zum Botanischen Garten hoch oben über dem Meer. Sie sagte: »Alle dachten, du hättest damals wegen Paul das Studium geschmissen.« Oh nein! Wir tranken einen Kaffee an der Talstation. Sie wohnt in Freiburg, dieser schönen Stadt mit vielen gemütlichen Plätzen und Flair.

Zu Hause schaute ich mir Bilder aus alten Zeiten an, und sie hatten alle etwas Gemeinsames, nämlich etwas Glückliches, Freies und völlig Zwangloses. All das spiegeln die lächelnden Gesichter wider.

Ich fahre noch in dieser Woche zu Martina nach Freiburg. Wir treffen uns auf einen »Coffee to stay« in einer der kleinen Bars in der Innenstadt. Zum Advent ist die Stadt besonders schön. Im warmen Lichterglanz der Herrnhuter Sterne lässt es sich noch besser bummeln als in dieser Jahreszeit. Vorbei am »Bächle«, dem kleinen Rinnsal in der Fußgängerzone. Die Legende besagt, wer hineintritt, muss einen Freiburger heiraten. Genau das ist Martina vor Jahren passiert. Am nächsten Morgen treffen wir uns im »Aspekt«, der kleinen Studentenkneipe, zum Frühstück. Rundum Gemurmel. Etwas beengt, aber gemütlich nehmen wir unser skandinavisches Lachsfrühstück ein. Wir erzählen über unser Leben.

Zurück in Frankfurt. Heute ist ein normaler Sonntagmorgen. Die Sonne scheint in mein Zimmer und ich recke meine Füße in die Wärme. Dann gehe ich wie immer an meinen Lieblingsplatz zum Morgen-Walking ans Museumsufer und beobachte die Enten. Die Stadt ist hier leise und die Hochhäuser sehen irgendwie aus dieser Sicht utopisch aus. Leichtes Stretching an der Parkbank und man trifft viele Leute, Radfahrer, Hundebesitzer, alle grüßen freundlich. Man kennt sich nicht, aber die morgendlichen Aktionen unter Gleichgesinnten erden irgendwie. Unsere Gesellschaft ist insgesamt zu träge geworden. Ich überlege mir einen Plan, wie ich unseren angekündigten Ehrengast diese Woche bespaßen kann. Die besten Ideen kommen mir beim Walken. Er kommt aus Irland und fördert Irish-Folk-begeisterte junge Leute. Diese Musikrichtung ist etwas speziell. Ich mag eher die Band »Simple Minds«. In dieser Musik vereinen sich ein paar folkloristische Klänge mit einzigartigen Popstimmen. Ich kenne ein komfortables Hotel mit Pagen, Wellness und gutem Essen, das keine Wünsche offenlässt. Die Zimmer sind in einem Rondell angeordnet, man geht vom Bad aus in das Schlafzimmer. Vom Spiegel aus kann man sich in allen Positionen betrachten. Ich? Besser nicht. Ich werde ein paar Annehmlichkeiten für den Gast buchen und ein paar Leckereien bereitstellen lassen. Ich denke, er wird sich über ein kleines Whiskey-Tasting, eine Auswahl an Irish und Scotch Whiskey, vor dem Schlafengehen freuen. Ich wähle diverse Single Malts, Bourbons und einen Glenfiddich. Am Mittwoch steht er dann am Flughafen. Auf den ersten Blick strahlt er eine sympathische Aura aus. Er ist jung und seine irischen Wurzeln sind nicht zu verleugnen. Er streicht sich durch seine dichten hellbraunen Locken, stellt sich vor und das erste Eis ist aufgetaut.

Beim gemeinsamen Abendessen im Steakhouse mit Simon stellt sich heraus, dass er keinen Whiskey, sondern Bier mag. Bei all den internen Fachgesprächen ziehe ich mich dezent zurück. Der Tag war lang. Ich strecke meine Füße auf der Couch aus und schaue noch etwas im Fernsehen, doch wie immer schlafe ich wieder mal ein. Um vier Uhr morgens werde ich wach und ich finde, mich noch einmal hinzulegen, lohnt sich nicht wirklich. Ich koche mir einen starken Kaffee und dusche ausgiebig.

Unsere Vorbereitungen für das Museumsuferfest sind in vollem Gange. Wir betreuen ein Zelt mit orientalischen Produkten wie Gewürzen, Statuen und Tongeschirr. Vor dem Zelt spielen unsere Musikanten ferne Klänge auf ungewöhnlichen Instrumenten, die zum Tanzen einladen, auf der Straße.

Die Körper der Menschen bewegen sich rhythmisch beim Vorbeilaufen. Es riecht nach allerlei Essensdüften. Die Lichter am Abend tragen zur Romantik bei. Ein geordnetes Menschengetümmel umgibt uns. Wir lernen jede Menge Leute kennen. In zwei Wochen soll ein kleines Helferfest für das Event unter einem bestimmten Motto stattfinden. Donata hatte diese Idee. Sie will ihre Freundin mitbringen.

Die sich alles versagte, mit Schirm, Charme und Melone. Immer alles dabei, müde unterwegs seit halb in der Nacht steht sie ihren Mann. Sie schläft regelmäßig beim Fernsehen ein. Auf dem Lieblingsstuhl ihrer Mutter. Sie kommt von ihren alten Schemen nicht los. Auch vom Friseur sollte sie sich mal einen neuen Look kreieren lassen. Von Freizeit nicht die Spur. Männern gegenüber ist sie sehr schüchtern. Oft ertappt sie sich vorm Spiegel und übt flüsternd: »Vielleicht hast du im Sommer etwas Zeit, donnerstags, am Abend?« Doch es mal auszusprechen, traut sie sich nie. Am Wochenende blüht sie dann etwas auf. Trifft Freunde, geht shoppen.

Ich nehme die Einladung zum Thema »peinlich geht immer« an. Was mich dort wohl erwartet? Donatas Freundin sagte in letzter Minute ab. Typisch! Ich hole die buntesten Klamotten aus den Siebzigern raus, in der Hoffnung, dass noch etwas passt. Im Theaterfundus wühle ich, bis ich so ein Goethe-Outfit finde, mit Rüschen und lächerlichen Schuhen. Mir wird etwas warm, besonders beim Tanzen. Doch dann, als alle schon etwas beschwipst über die Tanzfläche taumeln, taucht sie unangemeldet auf. Sie, die Sanfte, trägt ein Hexenkostüm mit hässlicher Nase und zerrissenen Strumpfhosen. Spontan lassen wir ein Gruppenfoto aufnehmen, das fällt nicht schwer mit ein paar Likörchen zu viel. Birne und Haselnuss schmecken besonders lecker. Ein gelungener Abend. Der Gastgeber ist sichtlich bewegt.

Verbotene Wege, doch ich gehe sie nicht mit Sigi, Laurents bestem Freund. Es ist trotzdem ein wunderschöner Sommer auf Korsika. Der Oleander blüht, porzellanfarben. Von Weitem hören wir die Brandung des rauschenden Meeres. Ich bereite einen Zitronensalat mit Koriander, Chili und Zwiebeln zum Lammfleisch für unser gemeinsames Mittagessen oben auf dem Berg in der Hütte. Ich liebe diese Art geselliger Zusammenkünfte. Dazu gibt es einen guten roten korsischen Landwein. Korsika hat tausend Facetten und morbiden Charme inmitten der duftenden grünen Macchia. Es ist die Lebensart, die verzaubert. Bei unseren Wanderungen verweilen wir in den Maronenhainen und blicken ins Tal auf die roten Ziegeldächer. Abends genießen wir das Quasseln und Essen. Alte Olivenbäume vermitteln Geborgenheit. Am Hang der Berge kleine Dörfer. Individualisten und Künstler haben sich hier niedergelassen und genießen die pure Schlichtheit ohne Kommerz. Unbezahlbar ist der atemberaubende abendliche Blick in die kleinen beleuchteten Buchten. Am nächsten Morgen starte ich mit Sigi, meiner momentanen starken Schulter. Er gibt mir etwas Geborgenheit. Der Besuch in einem kleinen Dörfchen am Meer in der Nähe von Algajola lässt uns staunen. Ja, so sieht der Süden aus. Kleine Hotels direkt an den Klippen. Wir nennen es »la rochelle«, der kleine Felsen. Sturmzerzaust schlendern wir entlang den Mauern. Ganz versteckt an den Klippen lese ich ein kleines Schild: »Produits de Mer«. Über Stufen erreichen wir einen kleinen Eingang. Doch die Verkäuferin mittleren Alters ist noch eine Runde schwimmen. Wir warten ganz nach korsischer Lebensart. Ich kaufe ein kleines Windlicht in Form einer Jakobsmuschel aus Porzellan. Dieser magische Ort hat mich irgendwie verzaubert. Eine kleine Gasse gibt durch einen Torbogen den Blick auf eine Kirche und eine Festung frei. Korsische Spezialitätenrestaurants und überall Plakate korsischer Vokalkünstler. Diesen Genuss werden wir auf keinen Fall versäumen. Die Sonne scheint gnadenlos und wir schauen in die Ferne auf das Meer. Sigi hat inzwischen zwei Einzelzimmer gebucht. Wir sitzen bei einem Appetithäppchen – einem »amuse bouche« – und einem Glas Patrimonio, dem edelsten Tropfen der Insel. Dann stehe ich auf meinem kleinen Balkon inmitten der Wellen. Traumhaft! Die Grillspezialitäten zum Abendessen zwischen all den Einheimischen schmecken köstlich. Kurz vor dem Konzert der »Balagna en concert – Polyphonies Corses« genießen wir die beleuchteten und wie verzaubert wirkenden

Gassen in der Nähe des Kirchplatzes. Das kleine Konzert ist ein folkloristischer Ohrenschmaus für fünfzehn Euro mit perfektem Klang, den ich genüsslich in meine kulturelle Seele einsauge.

Ein neuer korsischer Morgen erwacht. Die Sonne lugt durch die alte Pinie vor der Auberge und gibt den strahlend blauen Himmel frei. Auf der Frühstücksterrasse blitzt in der Ferne das Meer. Doch schnell zieht eine kleine dunkle Wolke vorüber Es regnet. Tropfen hämmern laut auf die Ziegeldächer. Es klingt wie eine Melodie. Eine Melodie zwischen Sonnenstrahlen, Steinmauern und Olivenbäumen. Zigarettenrauch zieht zu mir herüber. Ich genieße eine Tasse Kaffee. Der Abschied von der schönen Insel fällt uns wie immer schwer.

Wir verbringen einen letzten Abend auf der schönen Insel. Sigi hat Heimweh und einen unsäglichen Appetit auf Currywurst. Doch ich sage: »Wir werden doch diese letzten Stunden nicht stillos verbringen, oder?« Er lacht.

Sameds Mutter lud mich ein.

»Bitte komme eines Tages zu mir. Ich zeige dir mein Land. Süd-Marokko.« Sie reiste wieder ab. Der Start unseres Projektes war ein voller Erfolg.

Die Tage vergingen. Es war inzwischen Spätherbst. Ich hegte und pflegte die letzte Orchidee auf meinem Fensterbrett. Eine kleine Phalaenopsis mit weiß-dunkellila Tupfen. Irgendwie habe ich kein Händchen dafür. Ich hatte Lust, etwas im großen Buchladen an der Ecke zu stöbern. Natürlich musste ich mich etwas auf die Marokkoreise vorbereiten. Der marokkanische Minztee duftete und schmeckte auch genauso gut. Ich kuschelte mich mit einer Decke und Socken auf die Couch.

Bei meiner Ankunft am Terminal in Marrakesch stand sie schon und winkte: Sameds Mutter, gekleidet in ein gelbes Gewand. Sie begrüßte mich mit einem warmen »Herzlich Willkommen, Marhaba!«.

Eine wohlige Wärme umgab mich. Der Duft der blühenden Sträucher betörte meine Nase. Weithin zu sehen war das Atlasgebirge, das auf den ersten Blick etwas karg anmutete. Doch es hatte viel zu bieten, Palmenhaine, Schluchten, Kasbahs, alte Berberdörfer, und überall waren Sanddünen zu sehen. Wir fuhren zum Riad, einem typischen Haus mit offenem Atrium im Innenhof, mit Brunnen und Garten, in der Nähe von Telouet am Fuße des Atlasgebirges. Das Telouet-Tal war früher der Ausgangspunkt für Karawanen nach Marrakesch gewesen. Das Ambiente im Riad und die edlen bunten Kacheln waren in warmen Erdtönen gehalten. Zunächst saßen wir im Innenhof bei einem frischen Minztee. Sameds Mutter vermietete ein paar Zimmer an Gäste. Ihr Vater stammte aus Arabien und hatte ein paar Anteile am »schwarzen Gold« besessen, die er ihr vererbt hatte. So hatte sie sich eine Existenz aufbauen und mit den Jahren erweitern können. Dank ihres Enthusiasmus und der Liebe zu den Menschen ging diese Philosophie auf.

Ich ging mich kurz frisch machen, schlüpfte in meine khakifarbene Dreiviertelhose, band mir mein Leopardenhalstuch um die Stirn und packte meine Mitbringsel aus. Als ich die Treppen hinunterschritt, war ich umgeben von einem warmen Ambiente, und zwischen all den Pflanzen und dem leisen Geplätscher des Springbrunnens umwehte mich ein appetitlicher Essensduft. Wir bekamen eine kleine Lektion Marokkanisch. Viele Städte haben klangvolle Namen wie »Blume des Windes«. Abends saßen wir mit ein paar Gästen am Tisch. In der Mitte standen große Schüsseln voller Köstlichkeiten wie marokkanischem Möhrensalat mit Nüssen, Sellerie, Mandeln und Koriander. Das Rezept ließ ich mir geben.

Dazu gab es Fladenbrot aus dem Holzofen und Ziegencurry mit Zwiebeln. Wir verzehrten alles mit den Händen. Etwas ungewohnt, aber sehr gesellig.

Ich genoss ein paar Tage die Einfachheit. Dies ließ mich all die überflüssigen Dinge der Zivilisation vergessen. Der Blick über das Tal mit den erdfarbenen Häusern strahlte Gemütlichkeit aus. Wir besuchten ein paar Frauen, die aus den Argan-Nüssen das gute Arganöl herstellten. Man träufelt es auf Brot. Für europäische Verhältnisse schmeckt es etwas zu penetrant. Aber es ist das Gold der Region. Die Nusshaine sind grün und auf jedem Meter begegnet man einer Ziege. Herrlich! Man braucht gutes Schuhwerk, da sich am Wegesrand oft kleine giftige Schlangenbiester tummeln.

Am nächsten Abend schloss ich mich der touristischen orientalischen Nacht an. Abends, wenn die Temperaturen etwas erträglicher sind, beginnt das entspanntere Leben der Menschen. Sie rauchen ihre Wasserpfeifen – Shishas – im Schneidersitz auf dem Boden und essen gemütlich miteinander. Die Zelte sind mit Teppichen ausgelegt.

Wunderschöne Lampen spendeten gemütliches Licht. Die ungewohnten Klänge der Musik zum Bauchtanz ließen keine schlechte Laune zu. Die Frauen trällerten seltsame Zungenlaute vor Freude. Ich schwang meine Hüften in bunten Tüchern zur Musik. Die Beduinen schauten teils lüstern drein und tuschelten. Sie spielten auf ihren Handys. Ein Mann deutete auf die zwei Kamele vor dem Berberzelt. Die kleine Geste hat mich ungemein berührt, blieb für mich jedoch ein nie geträumter Traum, eine Fata Morgana. Die Vorstellung, mit einem Fremden ins Ungewisse zu reiten? Nein. Ich schmunzelte zurück und schloss kurz die Augen. Ich glaube, er hatte mich verstanden. Das Essen war exzellent. Dieser Abend und die fernen Klänge werden mir lange in Erinnerung bleiben. Dennoch hatte ich nun eine unbändige Sehnsucht nach meiner gewohnten Umgebung. Der Abschied fiel sehr schwer. Im Gepäck hatte ich eine schöne Lampe, seltene Gewürze, wie Kreuzkümmel und Ras el-Hanout, und Post für Samed.

Samed las mir den Brief in Bruchstücken vor. Seine Mutter machte eine Andeutung, dass er wieder nach Hause kommen sollte. Sie vermisste ihn sehr. Und wenn er ehrlich war, hatte er sich hier schon lange nicht mehr wohlgefühlt.

Erste und zweite Klasse eben. Ständig lassen die Menschen durch ihre Gesten spüren, wo man geboren ist. Verletzend! Mit Spaß hat das Ganze absolut nichts zu tun, wenn man von tausend Seiten attackiert wird. Das verkraftet sogar die stärkste Psyche nicht.

Im Strudel der Zeit gehts ums Sparen, Personalabbau, preiswerte Dienste für hohe Qualität bei unmöglichen Arbeitszeiten. Werbung ist mit knallharten Worten gekennzeichnet. An der Supermarktkasse ekelt man sich, seine Lebensmittel neben die ekligen, kranken Zigarettenschachteln zu legen. Manchmal frage ich mich, ob nur ich das so empfinde.

Auch mit Samed treffe ich mich zum Reden auf der alten Parkbank. Das alte Ehepaar schleicht nur noch langsam hinkend zur selben Stunde vorbei. Süß, die beiden. Irgendwie beruhigend und endlich mal ein Beispiel, wie lange man es mit einem Partner aushalten kann, wenn er der richtige ist.

Samed schüttet mir sein Herz aus. Es ist seine Mentalität, die so gänzlich anders ist. Mit dem zeitlich getakteten Stress kommt er nicht zurecht. »Festina lente« – »Eile mit Weile« – ist oft nicht im Alltag umsetzbar. Zwischen wunderbaren Geschichten der Senioren, Telefonaten und EDV-Problemen wird nebenbei der Döner verzehrt. Nach Feierabend kann er oft nicht abschalten. Er erzählt mir eine rührende Geschichte.

Er hat lange mit sich gehadert, doch eine Entscheidung getroffen. Samed fährt endlich nach Hause. Ich helfe ihm bei allen Formalitäten und bin auch irgendwie stolz darauf, ihn so weit vorangebracht zu haben. Seine Traumfrau hat er hier leider nicht gefunden. Der Flieger ist gestartet und ich weiß, seine Mutter erwartet ihn an der Tür und hat sein Lieblingsessen gekocht. Unsere herzliche Freundschaft wird für immer währen.

Im Postkasten liegt heute eine Einladung zum Maskenball. Martina hat es geschafft, alle Adressdaten unserer alten »Studiengruppe« zu sammeln. Das wird wohl eine interessante Veranstaltung, herauszufinden, wer sich hinter der Maske verbirgt. Da wir uns so viele Jahre nicht sahen, bin ich sehr gespannt.

Die nächsten zwei Monate vergehen wie im Flug, mein Herz rast vor Aufregung beim Gedanken an ein Wiedersehen mit Paul. Simon erzähle ich nichts von diesem Termin. Ich bin eine der ersten Anwesenden am vereinbarten Treffpunkt in der Altstadt von Freiburg, im »Tacheles«. Paul klopft auf den Tisch, als er das Lokal betritt. Dieser kleine Augenblick genügt, um ihn trotz Maske nach Jahren wiederzuerkennen. Die wilde dunkle Mähne aus der Jugendzeit ist verschwunden, doch sein Lächeln und die wunderschönen Zähne sind geblieben. Noch schlank ist er und modern gekleidet. Seine Augen blitzen sofort in meine Richtung. Momentan tue ich so, als hätte ich ihn nicht erkannt. Als alle aufs Stichwort die Maske abnehmen, ist die Neugier geweckt. Die Wiedersehensfreude erzeugt ein wildes Geplapper. Alle haben sich sehr verändert. Und tatsächlich kommt auch unser damaliger Klassenlehrer, der uns immer »die Dünnbrettbohrer« nannte. Er hatte ein Gen, unsere kleinen Flunkereien aufzudecken. Wir schwelgen alle in Erinnerungen, sei es der Kinderwagen, der damals schon bei einer Kommilitonin vor dem Seminarraum stand, die Schraube, die korrekt zu konstruieren damals niemand schaffte, unser »Duden-Wenzel«, der nach jedem Komma suchte. Köstlich! Nicht zu vergessen unsere Philosophielehrerin, deren Ansichten damals niemand verstand. Vor der Toilette macht Paul eine kleine Andeutung, mich am liebsten zu küssen. Doch Vorsicht, Mona, er schielt laufend zu Pia rüber. Meine Gefühle tanzen. Ich bin aufgewühlt und denke: »Wo warst du all die Jahre? Du gingst mir aus dem Weg, warum? Auch heute freue ich mich noch, dich zu sehen. Bleib nie stehen auf halbem Wege. Der letzte Schritt fällt oft so schwer.«

Wir tauschen Telefonnummern aus und verabschieden uns nach einer langen Nacht. Ich verweile noch einen Tag bei Martina, bevor mich mein Alltag wiederhat. Doch ich kann keinen klaren Gedanken fassen, so aufwühlend war unser Wiedersehen. Ich lenke mich auf Plattformen ab und lese und lese und schaue bunte Bilder. Die Zeit vergeht wie im Flug. Ich bin total durch den Wind, denn ich sehe Simon Hand in Hand mit einer anderen Frau. Er muss wohl gespürt haben, dass zwischen uns nur das kleine Wort »Sex« stand. Zu wenig für eine tiefgehende Beziehung mit allen Höhen und Tiefen.

Du bist gefangen in der virtuellen Welt.

Wenn du nach Hause kommst und erst mal schauen musst, was es wieder Neues gibt, du so schön fest in deinem Sessel sitzt und nicht mehr spürst, welche schönen Dinge das Leben bietet, dann ist das ein sicheres Zeichen, dass du irgendwie süchtig nach dieser »Plattform« geworden bist. Der Haushalt sieht nicht mehr so reinlich aus wie früher, du schiebst alle körperlichen Ertüchtigungen auf morgen. Die ersten Zipperlein sind zu spüren, und genau hier beginnt die Chance, das Handwerk etwas zu fördern. Dinge, die du dir früher zugemutet hast, lässt du nun professionell erledigen. Das kostet! Ich lasse endlich mein Bad umbauen. Ich will mich auch irgendwie ablenken. Meine Gedanken schwirren nur noch um Paul. Ob ich ihn anrufe? Stattdessen suche ich mir Fliesen und andere sanitäre Objekte aus. Nach all den Baumarkteinkäufen riecht es mal wieder nach einer kleinen Auszeit.

Ich gönne mir einen Kurzurlaub, Batterien auftanken, etwas grübeln. Ich halte inne, lausche auf einer Bank den leisen Wellen des Meeres. Meine Gedanken schweifen in die Heimat. Wie wird Paul reagieren? Ich schließe die Augen und weiß, irgendwann stehen wir uns gegenüber, erhaben über die Geschehnisse der letzten Jahre. Er ergraut, ich habe ein paar Kilos zu viel. Nicht mehr perfekt eben! Genau in diesem Moment erhalte ich seine WhatsApp: »Hey, meine Gedanken drehen sich seit unserem Wiedersehen nur noch um dich. Ich muss dich sehen. Ich mach dir den Leoparden, den Tiger oder den Hirsch.«

Unmöglich, wie immer. Ich schreibe zurück: »Nicht so stürmisch, ich habe nächsten Dienstag frei. Kommst du mich abholen?« Na endlich. Aus Stolz hätte ich mich sowieso nicht zuerst gemeldet. Altbewährte Frauentaktik.

Kein Traum ist zu hoch, kein Weg ist zu weit, keine Liebe ist unmöglich. Und endlich, ich war bereit für ein kleines Abenteuer.

Zehn Kilo mehr und rund fünfundzwanzig Jahre später: Nun stehe ich hier mit »broken wings«. Damals war er nicht frei. Da stand er, Paul, der Mann meiner Träume aus der Jugendzeit, und hielt die Autotür seines Oldtimers weit offen, mit dem er vor Jahren mit meiner damals besten Freundin Pia durchgebrannt war. Wie der letzte Kavalier der Jetztzeit ließ er mal wieder seine galante Art spielen, der bislang noch jede Frau erlag. Abends suchten wir uns ein Zimmer. Ich hing an seinen Lippen. Bereits atemlos bog mein Körper sich ihm entgegen, bis ich seine feuchte Zunge auf meinen Knospen spürte. Es war um uns geschehen. An seinem straffen Glied prangte ein kleines Teufelchen-Tattoo. Unser Liebesspiel war so schön wie früher.

Die Vergangenheit holte uns ein. Wir starteten mit Volldampf in die zweite Lebenshälfte. Aber vorerst in Richtung Normandie, dort hatte er inzwischen ein kleines Ferienhaus. Die Lichter der kleinen Bucht strahlten eine behagliche Wärme aus, als wir ankamen. Wir bestellten uns in einer kleinen Hafenbar ein Viertel »Grenache-Rosé, élégant et frais«. Der passte hervorragend zu »poulet au citron«. Sein kleines Feriendomizil gefiel mir sehr, im Schatten der Mauern, umgeben von Olivenbäumen. In der Ferne bezauberte das zarte Lila der blühenden Flachsfelder.

Wir nehmen hier nur Abschied auf Zeit und kommen später wieder. Au revoir.

Ich erinnerte mich an unser Lied von Carlos Santana, »Samba Pa Ti«. Pünktlich zum Titel stand er brav auf der Tanzfläche im kleinen Club und sagte: »Komm, lass uns ein bisschen träumen. Der Fantasie sind keine Grenzen gesetzt.« Dieser ultimative Kuschelsong, den er bestellt hatte, brachte uns näher. Seine Umarmung fühlte sich sehr gut an. Und ich fragte: »Wo warst du all die Jahre?«

»Ich bin hier«, sagte er.

Die Jüngsten waren wir nicht mehr.

»Take the rest of me«, sagte er und alle Zweifel waren verschwunden. Es fühlte sich an, als wäre er nie weg gewesen. Ich nahm all meinen Mut zusammen, um ihm endlich etwas zu gestehen.

»Wir haben eine Tochter«, sagte ich zu ihm. Er traute seinen Ohren kaum. »Warum bist du nur so stolz?«, fragte er. »Hätte ich das nur eher gewusst.«

»Genau darum«, sagte ich. »Die Liebe soll nichts erzwingen. Sie ist da oder nicht.«

Ich trug die Tanzschuhe von früher und stieg in den alten eierschalenfarbenen Ford Escort ein, als wir die Heimreise antraten. Ich kam mir ein wenig vor wie nicht von dieser Welt. Wieder vereint! Fräulein Eierschale und Mr. Ravioli.

Ich war damals noch grün hinter den Ohren, für One-Night-Stands war ich nicht bereit. Wenn es ernst wurde, nahm ich den letzten Bus und verschwand. Einmal nahm ich sogar ein Taxi. Meine Mutter stand dann im Nachthemd im Korridor, sie konnte nicht schlafen, weil sie auf mich wartete.

War auch gut so, dass ich mich nicht auf jeden körperlich einlassen konnte, denn der gute Ruf war schnell ruiniert. Meistens wussten die Leute zwar mehr als man selbst, doch dann hieß es wieder »lächeln«, und das gelang, weil ich mir selbst in die Augen sehen konnte!

Paul besuchte mich am Freitag zu Hause. Aus dem Nebenzimmer klangen leise Donatas musikalische Töne über den Korridor zu uns herüber. Stolz strahlte Paul mich an und wir erinnerten uns an die Zeit, in der er auf seiner Bassgitarre seine eigenen Songs gespielt hatte.

»Der Apfel fällt nicht weit vom Stamm«, so sagt man doch in dieser Situation. Auch sonst erkannte er in all ihren kleinen Gesten eine gewisse Ähnlichkeit.

Aus ein paar Stunden wurde ein Kurztrip, und nun das letzte Drittel meines Lebens. Der Beginn eines langen Sommers. Der Abendwind streichelte den Stoff meines Kleides. Beim Spaziergang durch die Nacht nach einem leichten Abendessen vorbei an Plätzen mit Springbrunnen und Küssen tanzten wir bis in den Morgen.

Und wie du mich anschautest. Ich lag in deinen Armen und fühlte unser Glück. Wie du mir meine üppigen Locken zärtlich aus dem Gesicht strichst, mir ganz langsam mit dem Zeigefinger über Nase, Mund und Brüste fuhrst, konnte ich es kaum erwarten, bis du unterhalb des Nabels angelangt warst.

Endlich sah ich wieder bunte Facetten einer erfüllten Unterhaltung. Paul, du meine Sünde, du meine Leidenschaft.

ENDE

Nur mit dir

Nur mit dir kann ich sie hören, die Stille,
nur mit dir die höchsten Gipfel erklimmen,
nur mit dir will ich einen neuen Frühling erleben.
Nur mit dir sing ich in den höchsten Tönen,
nur mit dir kann ich ihn spüren,
den Regen auf meiner Haut.
Nur mit dir morgens erwachen.
Lass uns träumen
und von nun an keinen Augenblick versäumen.

Resonanzen

Es sind die kleinen Dinge, die berühren. Die den Moment in einen besonderen Zauber tauchen, eine Resonanz erzeugen. Zwischenmenschliche Schwingungen, die widerhallen und gewisse warme menschliche Reaktionen hervorbringen, die unsere Seele berühren. Begegnungen mit Menschen machen die Reise durch ein Leben erst interessant. Jedes Leben schreibt ein Lied. Ein Lied, das jedes Morgen in eine Vision voller Hoffnung taucht. Stille kennt keine Form. Sie ist leer und unsichtbar wie die Nachtigall, die erst neben ihrem Partner am schönsten singt.

Über die Autorin

Andrea Bernhardt schrieb bislang unter dem Pseudonym Marie B. Kurzromane über Poesie, zwischenmenschliche Beziehungen und Reisen. Sie liebt lange Spaziergänge, Terrassen am Meer und einen guten Tropfen in geselliger Runde. In ihrer Freizeit frönt sie regionaler Kultur.

Neben Beiträgen in Anthologien wie »Zaubergarten der Worte« publizierte sie folgende Titel:

»Madame in Nöten – Späte Himbeeren« (E-Book)

»Sternenflüstern al dente« (E-Book)

»Venus und der Duft des Südens«(Paperback und E-Book)

»Melodie einer Jugendliebe« (Paperback und E-Book)

»Wege aus dem Untergrund« (E-Book)

Instagram: Andrea_Bernhardt_Kurzromane

MARIE B.

Melodie einer Jugendliebe
Roman

ISBN 978-3830118183
EUR 9,90
Auch als E-Book erhältlich!

Laurent, Simon und Paul, drei Männer, wie sie unterschiedlicher nicht sein können, aber keine Dreiecksbeziehung. Mona lebt in der Kulisse von Frankfurt und betreut interkulturelle Projekte. Mit Erzählungen der schönen Insel Korsika inklusive gestattet sie Einblicke in ihr bewegtes Leben und fällt immer wieder zurück in Erinnerungen an Laurent. Den Leitfaden bildet die Geschichte von Mona und Paul, die ihre erste Jugendliebe verloren haben. Werden sie sich wiederfinden? Wird sie ihr süßes Geheimnis lüften? Eingebettet in zauberhafte Situationen und kleine Geschichten des Alltages und wunderbare menschliche Begegnungen.